本书编委会

主　　任：张　强
副主任：吴　鹏
成　　员：吴奕斌　黄解明　陈欢欢　钟　瑜　徐月兰

全省"八五"普法统编教材

江西省
重点普及法律法规 以案释法

（2024）

江西省司法厅 编

图书在版编目（CIP）数据

江西省重点普及法律法规以案释法.2024／江西省司法厅编.--南昌：江西人民出版社：江西教育出版社，2024.6.--ISBN 978-7-210-15566-9

Ⅰ.D920.5

中国国家版本馆CIP数据核字第2024LH0671号

江西省重点普及法律法规以案释法（2024）

JIANGXI SHENG ZHONGDIAN PUJI FALÜ FAGUI YI AN SHI FA(2024)

江西省司法厅 编

| 出 版 人:梁 菁 熊 炽 |
| 责 任 编 辑:王珊珊 陈 茜 李永山 |
| 封 面 设 计:回归线视觉传达 |

出 版 发 行 江西人民出版社 江西教育出版社
　　　　　　　Jiangxi People's Publishing House　JIANGXI EDUCATION PUBLISHING HOUSE
　　　　　　　全国百佳出版社

地　　　址:江西省南昌市三经路47号附1号（江西人民出版社）
　　　　　　江西省南昌市学府大道299号（江西教育出版社）
邮　　　编:330006
网　　　址:www.jxpph.com
编辑部电话:0791-88677352
发行部电话:0791-86898815
承　印　厂:南昌市红星印刷有限公司
经　　　销:各地新华书店
开　　　本:720毫米×1000毫米　1/16
印　　　张:13
字　　　数:175千字
版　　　次:2024年6月第1版
印　　　次:2024年6月第1次印刷
书　　　号:ISBN 978-7-210-15566-9
定　　　价:28.00元
赣版权登字-01-2024-299

——————————————————————————

版权所有　侵权必究

赣人版图书凡属印刷、装订错误，请随时与江西人民出版社、江西教育出版社联系调换。
服务电话:0791-86898820（江西人民出版社）、0791-86708029（江西教育出版社）

编写说明

为推动习近平法治思想和新颁布新修改法律法规的学习宣传和贯彻实施，结合江西省实际，2024年在全省公民中重点宣传普及《中华人民共和国爱国主义教育法》《中华人民共和国行政复议法》《中华人民共和国粮食安全保障法》《未成年人网络保护条例》《江西省安全生产条例》《江西省农作物种子条例》。

为便于各地各部门全面准确地宣传普及上述"三法三条例"，我们组织编写了《江西省重点普及法律法规以案释法（2024）》。本书内容丰富，形式新颖，具有很强的权威性和可读性，是今年全省普法统一教材和普法考试参考读物，可供各地各部门学习宣传和教育培训使用。

参与本书编写的人员有：胡国梁（第一章《中华人民共和国爱国主义教育法》），周靖、淦芹（第二章《中华人民共和国行政复议法》），张晟、付抢辉、李志朋、赖夏华（第三章《中华人民共和国粮食安全保障法》），张恩典、孟凡岭（第四章《未成年人网络保护条例》），谢澄宇、刘雄伟（第五章《江西省安全生产条例》），董蕾、贺国良、张建峰（第六章《江西省农作物种子条例》）。初稿完成后，由陈欢欢、钟瑜、徐月兰同志负责统稿，吴鹏、吴奕斌、黄解明同志审稿，张强同志最后审定。本书的编写得到中共江西省委宣传部、中共江西省委网信办、江西省自然资源厅、江西省农业农村厅、江西省应急管理厅、江西省粮食和物资储备局等单位的大力支持,本书的出版得到江西人民出版社、江西教育出版社的悉心指导,在此一并致谢!

由于时间仓促,加之水平有限,疏漏和不足之处在所难免,恳请读者批评指正。

江西省司法厅
2024 年 5 月

目 录

第一章 中华人民共和国爱国主义教育法 | 001

一、典型案例分析 | 003

（一）刘某某侮辱国旗案 | 003

（二）王某诉杨某排除妨害纠纷案 | 005

（三）北京市检察机关督促爱国主义教育基地对未成年人免费开放行政公益诉讼系列案 | 007

二、重点知识解读 | 010

（一）爱国主义教育的工作格局 | 010

（二）爱国主义教育的原则遵循 | 012

（三）爱国主义教育的主要内容 | 016

（四）爱国主义教育基地的教育功能 | 018

(五)学校教育中的爱国主义教育 | 020

(六)对未成年人的爱国主义教育 | 022

三、热点问题聚焦 | 024

(一)《爱国主义教育法》的立法背景 | 024

(二)《爱国主义教育法》的立法目的 | 025

(三)网络信息服务提供者的义务 | 027

(四)禁止公民和组织从事的行为 | 029

(五)爱国主义教育中的奖惩措施 | 031

第二章 中华人民共和国行政复议法 | 033

一、典型案例分析 | 035

(一)某水果店不服某市场监督管理局行政处罚案 | 035

(二)吴某某不服某市水利局政府信息公开答复案 | 037

(三)某矿业有限公司不服某自然资源局行政处罚案 | 040

(四)某工程有限公司不服某人社局行政确认案 | 042

(五)某牧业有限公司不服某县农业农村局行政处罚案 | 045

二、重点知识解读 | 047

(一)《行政复议法》的立法目的和功能定位 | 047

(二)行政复议的范围 | 049

（三）行政复议的申请期限 | 051

（四）行政复议的申请方式 | 054

（五）行政复议前置 | 055

（六）行政复议管辖 | 057

（七）行政复议调解 | 059

三、热点问题聚焦 | 061

（一）新中国成立后行政复议制度的发展历程 | 061

（二）《行政复议法》修订的重要意义 | 064

（三）《行政复议法》修订的主要内容和新的变化 | 065

第三章 中华人民共和国粮食安全保障法 | 071

一、典型案例分析 | 073

（一）某粮油收储公司未按规定进行质量检验案 | 073

（二）曾某某非法占用永久基本农田挖塘养鱼案 | 075

（三）某米业公司粮食经营台账建立不规范案 | 077

（四）某粮管所未按储存规范要求对入库粮油进行管理案 | 079

（五）某米业公司侵犯水稻植物新品种权案 | 081

（六）政府及相关部门未立案查处违法占用耕地案 | 083

二、重点知识解读 | 085

(一) 进一步提高耕地保护的目标要求 | 085

(二) 明确耕地保护补偿制度、占用耕地补偿制度、耕地质量保护制度"三项制度"相关要求 | 086

(三) 在法律层面明确耕地用途管控 | 087

(四) 明确耕地种植用途管控责任主体及职责 | 088

(五) 加强对撂荒地、盐碱地的利用与治理 | 089

(六) 建立粮食安全责任制 | 090

(七) 完善政府粮食储备机制 | 091

(八) 强化粮食仓储设施保护 | 093

(九) 构建粮食应急保障体系 | 094

(十) 加大全社会节粮减损力度 | 095

三、热点问题聚焦 | 096

(一) 《粮食安全保障法》的立法背景 | 096

(二) 耕地用途管制与耕地种植用途管控的区别 | 097

(三) 耕地质量保护工作事关粮食安全底线 | 098

第四章　未成年人网络保护条例 | 101

一、典型案例分析 | 103

(一) 初中生陈某隐私泄露案 | 103

(二) 姚某某等人网络诈骗案 | 106

(三)张某某诉某数码科技有限公司网络充值纠纷案 | 107

(四)蒋某某违规"解脸"向未成年人售卖游戏账号案 | 109

(五)张某等人以投票打榜为名骗取未成年人钱款案 | 111

(六)刘某诉赵某侵害人格权案 | 113

二、重点知识解读 | 115

(一)《条例》的立法目的和意义 | 115

(二)未成年人网络保护工作的各方职责 | 116

(三)提升未成年人的网络素养 | 117

(四)明确对未成年人网络保护软件、智能终端产品的要求 | 118

(五)强调网络平台服务提供者、网络产品和服务提供者的义务 | 119

(六)强调对未成年人个人信息的保护 | 120

(七)防止未成年人沉迷网络 | 121

三、热点问题聚焦 | 122

(一)《条例》的立法过程 | 122

(二)《条例》出台的时代意义 | 123

(三)《条例》的主要内容和立法亮点 | 124

第五章　江西省安全生产条例 | 129

一、典型案例分析 | 131

(一)某物流有限公司不履行安全生产主体责任重大安全事故案 | 131

(二)某早餐店燃气泄漏爆炸案 | 133

(三)拆除塔式起重机违规作业发生高处坠落并瞒报事故案 | 135

(四)某公司建设项目安全设施设计未按规定报批审查案 | 139

(五)某气体有限公司未落实安全风险分级管控和隐患排查治理双重预防工作机制案 | 141

(六)某车厢制作有限公司员工无证违规动火作业案 | 143

二、重点知识解读 | 145

(一)《条例》的立法背景 | 145

(二)《条例》的重要条款解读 | 146

三、热点问题聚焦 | 156

(一)夯实安全生产基层基础 | 156

(二)针对易发、频发事故作出特别规定 | 157

(三)加强危险作业管理 | 158

(四)坚持严格执法与指导服务并重 | 159

（五）加强安全生产"打非治违" | 159

（六）加强生产安全事故应急救援 | 160

第六章 江西省农作物种子条例 | 161

一、典型案例分析 | 163

（一）李某等人未取得种子生产经营许可证生产经营假种子案 | 163

（二）某种子经营部经营劣种子案 | 166

（三）某种业经营部侵犯植物新品种权案 | 167

（四）王某某、于某某经营假种子案 | 169

（五）未依照规定调运应施检疫的水稻种子、经营不再分装的包装水稻种子未按规定备案、销售标签内容不符合规定的水稻种子案 | 171

二、重点知识解读 | 175

（一）制定和组织实施现代种业发展规划 | 175

（二）农作物种质资源保护与利用 | 176

（三）主要农作物品种审定制度 | 178

（四）加强主要农作物品种引种备案管理 | 179

（五）非主要农作物品种认定制度 | 181

（六）依法规范种子生产基地，提升种子质量 | 181

（七）加强良种繁育基地建设和管理 | 182

（八）加强对互联网等信息网络经营农作物种子的监管 | 184

(九)加大对农作物种子企业的扶持 | 185

(十)加强南繁建设和管理 | 186

三、热点问题聚焦 | 187

(一)《条例》的立法背景 | 187

(二)《条例》制定的总体思路及重大意义 | 188

(三)《条例》的内涵及亮点 | 189

(四)《条例》对促进江西省种业发展的保障措施 | 191

(五)《条例》鼓励育种创新的规定 | 192

(六)《条例》为江西省种业发展提供的法治保障 | 193

(七)江西省种业振兴工作成效 | 194

第 一 章
中华人民共和国爱国主义教育法

（法律条文）　　（自测题）

《中华人民共和国爱国主义教育法》(以下简称《爱国主义教育法》)于2023年10月24日经第十四届全国人民代表大会常务委员会第六次会议通过,自2024年1月1日起施行。《爱国主义教育法》就新时代爱国主义教育的职责任务、实施措施和支持保障等相关制度作了系统规定,对明确爱国主义教育内容、细化爱国主义教育工作要求和纠正违背爱国主义精神行为具有重要的规范意义。制定《爱国主义教育法》,是贯彻落实习近平总书记重要论述精神和党中央决策部署的重要举措,也是落实《中华人民共和国宪法》(以下简称《宪法》)关于开展爱国主义教育、维护国家统一和民族团结等规定的重要举措。在全面建设社会主义现代化国家、全面推进中华民族伟大复兴的新时代,贯彻落实《爱国主义教育法》,传承和弘扬爱国主义精神,铸牢中华民族共同体意识,有利于凝聚应对百年未有之大变局的磅礴力量。

一 典型案例分析

（一）刘某某侮辱国旗案

【基本案情】

2019年10月9日凌晨1时许，被告人刘某某在重庆市忠县城区因酒后丢失手机而报警求助，先后到忠县公安局忠州第一派出所、第二派出所查看监控视频，均未能找回手机。凌晨3时许，被告人刘某某离开忠县公安局忠州第二派出所，步行至忠州街道红星广场国旗台附近时，为发泄未将手机找回的不满情绪，先用随身携带的打火机将旗杆绳烧断，在国旗掉落至国旗台后将其点燃再离开。

经测量，被焚烧的国旗长240厘米、高160厘米，焚烧面积约占91.6%。另查明，忠州街道红星广场位于中共忠县县委、县政府办公楼正对面，是城区市民休闲、集会的主要场所。被焚烧的国旗系中共忠县县委为庆祝中华人民共和国成立70周年，安排县武警中队于2019年10月1日上午升挂的。

案发当日，被告人刘某某经公安机关电话通知到案。到案后，刘某某如实供述了上述事实。在审查起诉阶段，刘某某自愿签署《认罪认罚具结书》。

【案件结果】

重庆市忠县人民法院经审理认为，被告人刘某某在公共场合故意以焚烧方式侮辱中华人民共和国国旗，其行为已构成侮辱国旗罪，依法应在"三年以下有期徒刑、拘役、管制或者剥夺政治权利"刑档内裁量刑罚。鉴于其犯罪以后自动投案并如实供述罪行,是自首,可以从轻处罚,其自愿认罪认罚可以从宽处理,法院遂以侮辱国旗罪,判处刘某某有期徒刑一年。宣判后,被告人未上诉,公诉机关未抗诉,裁判已生效。

【案件评析】

《爱国主义教育法》第六条第五项　爱国主义教育的主要内容是:

(五)国旗、国歌、国徽等国家象征和标志;

第三十七条第一项　任何公民和组织都应当弘扬爱国主义精神,自觉维护国家安全、荣誉和利益,不得有下列行为:

(一)侮辱国旗、国歌、国徽或者其他有损国旗、国歌、国徽尊严的行为;

《宪法》第一百四十一条第一款规定,"中华人民共和国国旗是五星红旗"。《中华人民共和国国旗法》(以下简称《国旗法》)第四条规定,"中华人民共和国国旗是中华人民共和国的象征和标志。每个公民和组织,都应当尊重和爱护国旗";第二十一条第一款规定,"国旗应当作为爱国主义教育的重要内容"。根据《爱国主义教育法》第六条和第三十七条规定,国旗、国歌、国徽等国家象征和标志是爱国主义教育的主要内容之一,任何公民和组织都应当弘扬爱国主义精神,不得作出侮辱国旗、国歌、国徽或者其他有损国旗、国歌、国徽尊严等行为。《国旗法》第二十三条规定,"在公共场合故意以焚烧、毁损、涂划、玷污、践踏等方式侮辱中华人民共和国国旗的,依法追究刑事责任;情节较轻的,由公安机关处以十五日以下拘留"。《中华人民共和国刑法》第二百九十九条第一款规定,"在公共场合,故意以焚烧、毁损、涂划、玷污、践踏等方式侮辱中华人民共和国国旗、国徽的,处三年以下有期徒刑、拘役、管制或者剥夺政治权利"。侮辱国旗行为情节较轻的,应当处以行政拘留的行政处罚;情节较重的,应当依法定罪量刑,追究相应的刑事责任。

本案中,刘某某作为具备完全刑事责任能力的成年人,酒后为发泄个人不满情绪,在公共场合焚烧国旗,性质十分恶劣,依法应当追究刑事责任。鉴于其具有自首情节并符合认罪认罚从宽条件,法院在量刑上予以了从轻从宽处理。该案的判决强化了公民和组织对国旗的敬畏之心,有力地消除了刘某某犯罪行为所造成的负面影响,是人民法院发挥审判职能推动爱国主义教育的体现,实现了政治效果、法律效果和社会效果的统一。

(二)王某诉杨某排除妨害纠纷案

【基本案情】

王兆军同志在解放战争期间的"四平战役"中壮烈牺牲,后经中华人民共和国民政部批准为革命烈士。王某系王兆军同志的胞弟。河西村民委员会与王某签订协议,约定将案涉承包地作为烈士墓地,交予王某无限期管理,免收承包金及其他费用。在王某对烈士墓地及堆堤进行管理与维护期间,杨某长期自行在王某承包地的堆堤处种植各种农作物。双方为此经常发生纠纷,河西村民委员会多次协调均未能有效解决。后王某向法院提起诉讼,要求杨某返还侵占的烈士墓地范围内土地。

【案件结果】

江苏省滨海县人民法院经审理认为,国家鼓励和支持自然人、法人和非法人组织以捐赠财产、义务宣讲烈士事迹和精神、帮扶英雄烈士遗属等公益活动的方式,参与英雄烈士保护工作。河西村民委员会将烈士墓地和堆堤交予烈士近亲属王某管理维护，不仅有利于激发公民的荣誉感，亦能加强对烈士墓地范围内土地的保护。杨某在烈士墓地种植农作物于法无据，侵占的该地块依法应予返还。法院判决被告杨某向王某返还土地。

【案件评析】

《爱国主义教育法》第六条第八项　爱国主义教育的主要内容是：

（八）英雄烈士和先进模范人物的事迹及体现的民族精神、时代精神；

近代以来，为了争取民族独立和人民解放，实现国家富强和人民幸福，促进世界和平和人类进步，无数英雄烈士英勇献身。根据《爱国主义教育法》第六条和第三十七条规定，英雄烈士的事迹及体现的民族精神、时代精神是爱国主义教育的主要内容之一。英雄烈士的墓地是其事迹和精神的重要依托，保护英雄烈士的墓地对宣传与弘扬其事迹和精神具有重要意义。《中华人民共和国英雄烈士保护法》（以下简称《英雄烈士保护法》）第七条第一款规定，"国家建立并保护英雄烈士纪念设施，纪念、缅怀英雄烈士"。第二十八条规定，"侵占、破坏、污损英雄烈士纪念设施的，由县级以上人民政府负责英雄烈士保护工作的部门责令改正；造成损失的，依法承担民事责任；被侵占、破坏、污损的纪念设施属于文物保护单位的，依照《中华人民共和国文物保护法》的规定处罚；构成违反治安管理行为的，由公安机关依法给予治安管理处罚；构成犯罪的，依法追究刑事责任"。

王兆军烈士的墓地属于英雄烈士纪念设施，是开展爱国主义教育的重要载体，任何人不得侵占、破坏、污损。王某作为王兆军烈士的近亲属，接受河西村民委员会委托依法管理维护王兆军烈士的墓地，有权依法排除妨害其管理墓地的违法行为。杨某长期自行在王某承包地的堆堤处种植各种农作物,侵占了王兆军烈士的墓地,违反了《英雄烈士保护法》等相关法律法规的规定。王某作为墓地管理人有权请求排除杨某妨害其管理墓地的行为。以王兆军烈士墓地为代表的零散烈士纪念设施在实践中容易被忽视并遭到破坏,本案从排除妨害角度提供的司法保护有利于激活对零散烈士纪念设施的保护机制,在弘扬社会主义核心价值观方面具有重要的示范引领作用。

(三)北京市检察机关督促爱国主义教育基地对未成年人免费开放行政公益诉讼系列案

【基本案情】

2021年5月,北京市丰台区人民检察院在履职中发现,卢沟桥景区等爱国主义教育基地对未成年人收取门票费。为全面调查了解北京市爱国主义教育基地是否存在同类情形,2021年7月,全市三级检察机关共同开展了爱国主义教育基地向未成年人收费公益诉讼专项监督活动,对209家市级及以上爱国主义教育基地、80余家区级爱国主义教育基地进行排查,发现共有40余家爱国主义教育基地存在对未成年人收取门票费的情形。北京市人民检察院部署全市检察机关联合开展专项监督活动,确定市级定价的爱国主义教育基地由北京市人民检察院相关分院立案管辖,区级定价的爱国主义教育基地由相应的区检察院立案管辖。

经初步调查,部分爱国主义教育基地存在缩小免票主体范围、附加免票条件、区别对待不同地区参观者等违法向未成年人收取门票费的情况,违反了《中华人民共和国未成年人保护法》(以下简称《未成年人保护法》)关于爱国主义教育基地应当对未成年人免费开放的规定。

【案件结果】

北京市各级人民检察院共立案23件,与相关行政机关开展诉前磋商27次,制发诉前检察建议5份。北京市检察机关的工作得到市、区相关行政单位的有力支持,检察机关与行政机关达成共识,共同推动《未成年人保护法》的落实。行政机关采取整改措施依法履职后,检察机关又进行了跟踪回访,发现部分线上售票渠道未对购票价格进行相应修改,经与相关票务管理部门联系,线上售票平台迅速整改到位,保证了免费开放规定的全面落实。目前包括故宫、八达岭长城等在内的40余家爱国主义教育基地全部实现对未成年人免费开放。

【案件评析】

《爱国主义教育法》第三十四条　中央爱国主义教育主管部门建立健全爱国主义教育基地的认定、保护、管理制度,制定爱国主义教育基地保护利用规划,加强对爱国主义教育基地保护、管理、利用的指导和监督。

各级人民政府应当加强对爱国主义教育基地的规划、建设和管理,完善免费开放制度和保障机制。

加强新时代爱国主义教育,传承和弘扬爱国主义精神,有利于凝聚全面建设社会主义现代化国家、全面推进中华民族伟大复兴的磅礴力量。爱国主义教育基地既是推进新时代爱国主义教育的重要场所,也是传承和弘扬爱国主义精神的基本载体。免费开放制度是充分发挥爱国主义教育基地功能的保障制度,也契合认定和保护爱国主义教育基地的初衷。《爱国主义教育法》第三十四条规定,"各级人民政府应当加强对爱国主义教育基地的规划、建设和管理,完善免费开放制度和保障机制"。为强化对未成年人的爱国主义教育,《未成年人保护法》第四十四条规定,爱国主义教育基地等场所应当对未成年人免费开放。2019年11月,中共中央、国务院印发的《新时代爱国主义教育实施纲要》明确要求,"健全全国爱国主义教育示范基地动态管理机制,进一步完善落实免费开放政策和保障机制"。

北京市卢沟桥景区等爱国主义教育基地对未成年人收取门票费,违反了相关法律法规的强制性规定,也与党中央的政策精神相悖。相关行政主管部门对此未及时履行行政监管职责,导致未成年人"付费"接受爱国主义教育的乱象,存在监管缺位问题。为纠正上述违法行为,北京市检察机关相继启动行政公益诉讼机制,通过与相关行政机关开展诉前磋商和制发诉前检察建议等方式敦促相关行政机关依法采取整改措施,保障爱国主义教育基地全部实现对未成年人免费开放。爱国主义教育基地免费开放制度的落实既需要行政主管部门强化监管,也离不开检察机关的法律监督。行政公益诉讼是检察机关履行法律监督职责的重要方式,本系列案是检察机关通过行政公益诉讼确保爱国主义教育基地免费向未成年人开放的典型案件。

三 重点知识解读

(一)爱国主义教育的工作格局

《爱国主义教育法》第四条　爱国主义教育坚持中国共产党的领导,健全统一领导、齐抓共管、各方参与、共同推进的工作格局。

爱国主义教育工作格局在《新时代爱国主义教育实施纲要》中的表述为"党委统一领导、党政齐抓共管、宣传部门统筹协调、有关部门各负其责"。中国共产党是爱国主义精神最坚定的弘扬者和实践者。一百多年来,中国共产党团结带领全国各族人民进行的革命、建设、改革实践是爱国主义的伟大实践,写下了中华民族爱国主义精神的辉煌篇章。只有坚持中国共产党的领导,才能把握爱国主义教育正确的政治方向。党的十八大以来,习近平总书记高度重视爱国主义教育工作,就弘扬爱国主义精神、开展爱国主义教育发表了一系列重要论述,作出了一系列重要指示批示,提出了一系列明确要求。党的二十大报告提出,要深化爱国主义教育。进入新时代以来,爱国主义教育工作在中国共产党的领导下逐步推进并取得了重要成效。

《中国共产党章程》"总纲"中规定,"中国共产党领导人民发展社会主义先进文化"。《爱国主义教育法》第八条规定,"爱国主义教育应当坚持传承和发展中华优秀传统文化,弘扬社会主义核心价值观,推进中国特色社会主义文化建设,坚定文化自信,建设中华民族现代文明"。推进社会主义先进文化建设也是爱国主义教育的重要内容之一。

1. 统一领导

统一领导指的是党委统一领导。在爱国主义教育工作中,凡属重大问题都要按照集体领导、民主集中、个别酝酿、会议决定的原则,由党的委员会集体讨论,作出决定。地方人民政府和基层群众性自治组织在履行爱国主义教育工作职责时应当在党委统一领导下有序进行。

2. 齐抓共管

根据《爱国主义教育法》的相关规定,齐抓共管包括党政齐抓共管、央地齐抓共管、部门齐抓共管。《爱国主义教育法》第十一条规定,"中央爱国主义教育主管部门负责全国爱国主义教育工作的指导、监督和统筹协调。中央和国家机关各部门在各自职责范围内,组织开展爱国主义教育工作"。这里体现了党政齐抓共管和部门齐抓共管。《爱国主义教育法》第十二条规定,"地方爱国主义教育主管部门负责本地区爱国主义教育工作的指导、监督和统筹协调。县级以上地方人民政府教育行政部门应当加强对学校爱国主义教育的组织、协调、指导和监督。县级以上地方文化和旅游、新闻出版、广播电视、电影、网信、文物等部门和其他有关部门应当在各自职责范围内,开展爱国主义教育工作。中国人民解放军、中国人民武装警察部队依照本法和中央军事委员会的有关规定开展爱国主义教育工作,并充分利用自身资源面向社会开展爱国主义教育"。这里体现了部门齐抓共管,并与第十一条共同体现了央地齐抓共管。

3. 各方参与

爱国主义教育是一项系统工程,除了主管部门和相关行政部门齐抓共管外,还需要其他社会主体广泛参与。不同行业和领域的社会群体,在知识背景、人生经历、理想信念等方面都存在差异,爱国主义教育方式不宜同质化。只有充分发挥其他社会主体的优势才能突出教育的群众性,以达到润物无声的教育成效。为此,《爱国主义教育法》第十三条规定,"工会、共产主义青年团、妇女联合会、工商业联合会、文学艺术界联合会、作家协会、科学技术协会、归国华侨联合会、台湾同胞联谊会、残疾人联合会、青年联合会和其他群团组织,应当发挥各自优势,面向所联系的领域和群体开展爱国主义教育"。除了群团组织外,《爱国主义教育法》对学校、企业事业单位、行业协会商会等组织开展爱国主义教育进行了规定。

4. 共同推进

共同推进指的是协调和整合各方力量,使主管部门、相关行政部门和其他社会主体能相互协作、彼此配合,最大限度地提升爱国主义教育实效。《新时代爱国主义教育实施纲要》提出,要建立爱国主义教育联席会议制度,加强工作指导和沟通协调,及时研究解决工作中的重要事项和存在问题。《爱国主义教育法》第二十四条规定,"中央和省级爱国主义教育主管部门应当加强对爱国主义教育工作的统筹,指导推动有关部门和单位创新爱国主义教育方式,充分利用各类爱国主义教育资源和平台载体,推进爱国主义教育有效实施"。爱国主义教育联席会议制度和统筹机制,旨在共同推进爱国主义教育有效实施。

(二)爱国主义教育的原则遵循

《爱国主义教育法》第五条　爱国主义教育应当坚持思想引领、文化涵育,教育引导、实践养成,主题鲜明、融入日常,因地制宜、注重实效。

1. 思想引领、文化涵育

思想引领是用经过历史和实践检验过的理论、主义、观点来武装人民的头脑、指导人民的行动。文化涵育是通过丰富具体和形式多样的文化现象、文化产品等浸润人民的心灵、滋养人民的精神。如果说思想引领是一条河流的河床,那文化涵育则是河流的水流。只论思想引领,爱国主义教育可能沦为空洞的说教;独谈文化涵育,爱国主义教育则有误入歧途的风险。习近平总书记指出:"历史发展、文明繁盛、人类进步,从来离不开思想引领。"只有坚持正确的思想引领,才能确保爱国主义教育始终保持正确的政治方向。《爱国主义教育法》第三条规定,"爱国主义教育应当高举中国特色社会主义伟大旗帜,坚持以马克思列宁主义、毛泽东思想、邓小平理论、'三个代表'重要思想、科学发展观、习近平新时代中国特色社会主义思想为指导"。《新时代爱国主义教育实施纲要》还强调要增强"四个意识"、坚定"四个自信"、做到"两个维护"。此外,习近平总书记关于爱国主义的重要论述在新时代爱国主义教育工作中也具有重要的思想引领力。

对于文化涵育,《爱国主义教育法》从宏观和微观两个层面进行了细致规定。从宏观层面来看,《爱国主义教育法》对应当涵育的文化予以了规定。《爱国主义教育法》第八条规定,"爱国主义教育应当坚持传承和发展中华优秀传统文化,弘扬社会主义核心价值观,推进中国特色社会主义文化建设,坚定文化自信,建设中华民族现代文明"。第九条强调,要"尊重各国历史特点和文化传统,借鉴吸收人类一切优秀文明成果"。因此,立法所指的是一种理性、包容、开放的文化涵育。从微观层面来看,《爱国主义教育法》对如何进行文化涵育予以了规定。《爱国主义教育法》第三十五条规定,"国家鼓励和支持创作爱国主义题材的文学、影视、音乐、舞蹈、戏剧、美术、书法等文艺作品,在优秀文艺作品评选、表彰、展览、展演时突出爱国主义导向"。

2. 教育引导、实践养成

教育引导和实践养成的关系本质上就是知与行的关系。习近平总书记指出,"知"是基础、是前提,"行"是重点、是关键,必须以"知"促"行"、以"行"促"知",做到知行合一。在爱国主义教育工作中,要通过教育引导让人们理解新时代开展爱国主义教育的重要意义和重要内容。《爱国主义教育法》第七条规定,"国家开展铸牢中华民族共同体意识教育,促进各民族交往交流交融,增进对伟大祖国、中华民族、中华文化、中国共产党、中国特色社会主义的认同,构筑中华民族共有精神家园"。铸牢中华民族共同体意识教育是实现中华民族伟大复兴的重要基础,也是爱国主义教育的意义所在。对于如何开展教育引导,《爱国主义教育法》从学校、企事业单位、行业协会商会、宗教团体等不同行业组织和群体组织的特点出发,明确了各自教育引导的重点任务。

习近平总书记指出:"要坚持理论和实践相结合,注重在实践中学真知、悟真谛。"教育引导作用的发挥需要实践养成的加持,爱国主义教育的内容要外化于行也离不开实践养成。《爱国主义教育法》对推动爱国主义的实践养成进行了全方位规定。如第二十条规定,"基层人民政府和基层群众性自治组织应当把爱国主义教育融入社会主义精神文明建设活动,在市民公约、村规民约中体现爱国主义精神,鼓励和支持开展以爱国主义为主题的群众性文化、体育等活动"。在爱国主义教育工作中,应当根据《爱国主义教育法》的相关规定,结合自身的特色和优势,通过形式多样的实践活动使爱国主义成为全体中国人民的坚定信念、精神力量和自觉行动。

3. 主题鲜明、融入日常

主题鲜明,爱国主义教育方能避免偏离方向;融入日常,爱国主义教育方能"飞入寻常百姓家"。《新时代爱国主义教育实施纲要》提出,要坚持把实现中华民族伟大复兴的中国梦作为鲜明主题。《爱国主义教育法》把"全面建成社会主义现代化强国、实现中华民族伟大复兴"作为爱国主义教育的鲜明主题。牢牢抓住这个鲜明主题,爱国主义教育才有章可循,才能助力于凝聚全面建设社会主义现代化国家、全面推进中华民族伟大复兴的磅礴力量。在落实《爱国主义教育法》的具体规定、开展爱国主义教育实践活动等过程中要始终突出这一鲜明主题。

习近平总书记指出,一种价值观要真正发挥作用,必须融入社会生活,让人们在实践中感知它、领悟它。爱国主义教育既已入法,就意味着这是一项永远在路上的工作。只有将其融入日常生活,使其成为人们日常生活的组成部分,才符合爱国主义教育法治化的内在要求。《爱国主义教育法》从学校教育、家庭教育、重要节日的民俗活动、宪法宣誓等多个层面规定了如何将爱国主义教育融入日常生活,有助于将爱国主义教育的鲜明主题深深扎根于人民心中。

4. 因地制宜、注重实效

习近平总书记指出:"要因地制宜、因时制宜,紧密结合各自实际,开动脑筋、主动作为、大胆作为,创造性开展工作,真正让党中央决策部署落地见效。"只有因地制宜才能取得实效,如何因地制宜也必须以能出实效为标准。只讲工作特色而不顾工作实效,将落入形式主义的"因地制宜"。只注重工作实效而不懂因地制宜,难出真正的工作实效。在爱国主义教育中应当努力将因地制宜和注重实效相结合,在彰显工作特色的同时取得工作实效。《爱国主义教育法》对各类主体、各个领域如何因地制宜推进爱国主义教育进行了提纲挈领的规定,为爱国主义教育工作指明了具体的方向。例如《爱国主义教育法》第二十一条规定,"行业协会商会等社会团体应当把爱国主义精神体现在团体章程、行业规范中,根据本团体本行业特点开展爱国主义教育,培育会员的爱国热情和社会担当,发挥会员中公众人物和有社会影响力人士的示范作用"。

在注重实效方面,《新时代爱国主义教育实施纲要》提出要坚持目标导向、问题导向、效果导向,坚持虚功实做、久久为功,在深化、转化上下功夫,在具象化、细微处下功夫,更好地体现时代性、把握规律性、富于创造性。党的二十大报告把"坚持问题导向"作为习近平新时代中国特色社会主义思想世界观和方法论的重要内容之一。在爱国主义教育工作中,一是要深入调查研究,结合爱国主义教育的主要内容和基本要求查找当前存在的突出问题及其成因。二是要压实工作职责,强化责任担当,创新性地开展卓有成效的爱国主义教育活动。三是要及时总结经验,梳理实践中成效比较显著的爱国主义教育形式,逐步形成体系化、常态化的爱国主义教育工作模式。

(三)爱国主义教育的主要内容

《爱国主义教育法》第六条　爱国主义教育的主要内容是:

(一)马克思列宁主义、毛泽东思想、邓小平理论、"三个代表"重要思想、科学发展观、习近平新时代中国特色社会主义思想;

(二)中国共产党史、新中国史、改革开放史、社会主义发展史、中华民族发展史;

(三)中国特色社会主义制度,中国共产党带领人民团结奋斗的重大成就、历史经验和生动实践;

(四)中华优秀传统文化、革命文化、社会主义先进文化;

(五)国旗、国歌、国徽等国家象征和标志;

(六)祖国的壮美河山和历史文化遗产;

(七)宪法和法律,国家统一和民族团结、国家安全和国防等方面的意识和观念;

(八)英雄烈士和先进模范人物的事迹及体现的民族精神、时代精神;

(九)其他富有爱国主义精神的内容。

1.坚持爱国和爱党、爱社会主义相统一

爱国主义的本质就是坚持爱国和爱党、爱社会主义高度统一。从《爱国主义教育法》第六条规定的爱国主义教育的主要内容来看,爱国和爱党、爱社会主义教育的内容相互融合。马克思列宁主义、毛泽东思想、邓小平理论、"三个代表"重要思想、科学发展观、习近平新时代中国特色社会主义思想既是党的理论基础,也是建设国家和发展社会主义的理论指导。习近平总书记特别强调,"要了解我们党和国家事业的来龙去脉,汲取我们党和国家的历史经验,正确了解党和国家历史上的重大事件和重要人物。这对正确认识党情、国情十分必要,对开创未来也十分必要,因为历史是最好的教科书"。只有深入学习中国共产党史、新中国史、改革开放史、社会主义发展史、中华民族发展史和中国共产党带领人民团结奋斗的重大成就、历史经验和生动实践,才能准确把握党情、国情。国旗、国歌、国徽是《宪法》所确立的国家象征和标志,保持对国旗、国歌、国徽的尊重和敬畏是爱国主义的基本要求。

2. 以维护国家统一和民族团结为着力点

中国是世界上历史最悠久的国家之一,中国各族人民共同创造了光辉灿烂的文化,共同缔造了统一的多民族国家。国家统一和民族团结是中华民族根本利益所在。宪法和法律是广大人民群众共同意志的体现,也是维护国家统一和民族团结的法律保障。如果说国家统一和民族团结是对内向度的国家利益,国家安全和国防则是对外向度的国家利益,二者相辅相成。《爱国主义教育法》第十四条规定,"国家采取多种形式开展法治宣传教育、国家安全和国防教育,增强公民的法治意识、国家安全和国防观念,引导公民自觉履行维护国家统一和民族团结,维护国家安全、荣誉和利益的义务"。《爱国主义教育法》第六条将"宪法和法律,国家统一和民族团结、国家安全和国防等方面的意识和观念"单列一项予以规定,并非仅仅基于立法技术的考虑,而是由于这几方面的内容本身存在着密切联系。

3. 大力弘扬民族精神和时代精神

以爱国主义为核心的民族精神和以改革创新为核心的时代精神,是凝心聚力的兴国之魂、强国之魂。增强实现中华民族伟大复兴的精神力量,是党的二十大明确提出的战略要求。在革命建设和改革实践中所涌现出的一批又一批英雄烈士与先进模范人物展现出了丰富多样的民族精神和时代精神,爱党、爱国、爱社会主义是这些精神的共同特质。在推进中国式现代化和实现中华民族伟大复兴的新时代,应当充分挖掘和弘扬英雄烈士和先进模范人物的事迹及其体现的民族精神、时代精神。

4.引导人们树立和坚持正确的文化观

党的十八大以来,习近平总书记多次强调坚定文化自信。坚定文化自信,认同中华文化是爱国主义精神在文化传承方面的体现。抵制西方错误文化思潮的入侵,引导人们树立和坚持正确的文化观,则是在文化传承方面进行爱国主义教育的重要工作。《爱国主义教育法》把新时代需要弘扬的文化分为中华优秀传统文化、革命文化、社会主义先进文化三个板块。三个板块的文化内容产生于不同的时代背景,各具特色但又自成体系。在新时代应当充分释放不同文化体系的独特功能,引导人们树立和坚持内容深厚、结构完整的文化观。祖国的壮美河山和历史文化遗产蕴含着丰富的中华文化,是坚定文化自信的底气所在,因而也成为爱国主义教育的重要内容。

(四)爱国主义教育基地的教育功能

《爱国主义教育法》第二十六条 爱国主义教育基地应当加强内容建设,丰富展览展示方式,打造精品陈列,为国家机关、企业事业单位、社会组织、公民开展爱国主义教育活动和参观学习提供便利服务,发挥爱国主义教育功能。

各类博物馆、纪念馆、图书馆、科技馆、文化馆、美术馆、新时代文明实践中心等,应当充分利用自身资源和优势,通过宣传展示、体验实践等方式,开展爱国主义教育活动。

遍布全国各地的爱国主义教育基地是开展爱国主义教育的实践载体。《新时代爱国主义教育实施纲要》提出，各级各类爱国主义教育基地要加强内容建设，改进展陈方式，着力打造主题突出、导向鲜明、内涵丰富的精品陈列，强化爱国主义教育和红色教育功能，为社会各界群众参观学习提供更好服务。《爱国主义教育法》第二十六条也对此进行了具体规定。

爱国主义教育基地的内容建设要围绕爱国主义教育的鲜明主题和《爱国主义教育法》第六条所规定的爱国主义教育的主要内容展开。《爱国主义教育法》第六条对爱国主义教育的主要内容进行了比较全面系统的规定，但这并不意味着每一个爱国主义教育基地都需要覆盖第六条的全部内容。爱国主义教育基地应当重点结合自身实际与特色选择契合"全面建成社会主义现代化强国、实现中华民族伟大复兴"这一鲜明主题的内容持续推进内涵式建设，避免爱国主义教育基地的同质化。在展览展示方式上，除了传统实物陈列、视频讲解等方式外，还应尝试探索运用现代智能技术优化爱国主义教育内容的呈现过程，通过虚拟仿真技术丰富体验实践的形式。在精品陈列方面，爱国主义教育基地应当着力贯彻"主题突出、导向鲜明、内涵丰富"的基本理念，精挑细选并适时更新陈列展品，充分挖掘展品背后的故事及其体现的爱国主义教育意义。爱国主义教育基地既要注重服务于国家机关、企业事业单位、社会组织，也要为公民开展爱国主义教育活动和参观学习提供便利服务。各类博物馆、纪念馆、图书馆、科技馆、文化馆、美术馆、新时代文明实践中心具有丰富的爱国主义教育资源，在陈列展品时也应当通过宣传展示、体验实践等方式融入爱国主义教育元素，发挥其在爱国主义教育方面的特殊优势。

为发挥好爱国主义教育基地的功能，《爱国主义教育法》第三十四条系统规定了中央爱国主义教育主管部门的职责清单。一是要建立健全爱国主义教育基地的认定、保护、管理制度，逐步规范化。二是要制定爱国主义教育基地保护利用规划,对不同类型的爱国主义教育基地分别制定不同的保护利用规划。三是加强对爱国主义教育基地保护、管理、利用的指导和监督,中央爱国主义教育主管部门与爱国主义教育基地既是指导与被指导关系,也是监督与被监督关系。

(五)学校教育中的爱国主义教育

《爱国主义教育法》第十五条 国家将爱国主义教育纳入国民教育体系。各级各类学校应当将爱国主义教育贯穿学校教育全过程,办好、讲好思想政治理论课,并将爱国主义教育内容融入各类学科和教材中。

各级各类学校和其他教育机构应当按照国家规定建立爱国主义教育相关课程联动机制,针对各年龄段学生特点,确定爱国主义教育的重点内容,采取丰富适宜的教学方式,增强爱国主义教育的针对性、系统性和亲和力、感染力。

第十六条 各级各类学校应当将课堂教学与课外实践和体验相结合,把爱国主义教育内容融入校园文化建设和学校各类主题活动,组织学生参观爱国主义教育基地等场馆设施,参加爱国主义教育校外实践活动。

1.将爱国主义教育纳入国民教育体系

《新时代爱国主义教育实施纲要》强调,要坚持以立为本、重在建设,推动爱国主义教育融入贯穿国民教育和精神文明建设全过程。将爱国主义教育纳入国民教育体系是推动爱国主义教育融入贯穿国民教育全过程的题中之义和具体抓手。现代国民教育体系包括义务教育、基础教育、高等教育、职业教育和成人教育五个方面的内容。将爱国主义教育纳入国民教育体系意味着在教育的不同阶段、不同层次都要把爱国主义作为国民教育的内容,并将爱国主义融入思想道德素质和科学文化素质培育过程之中。

2. 办好、讲好思想政治理论课

思想政治理论课是爱国主义教育的主阵地。各级各类学校将爱国主义教育贯穿学校教育全过程的首要任务是办好、讲好思想政治理论课。2023年5月29日,习近平总书记在中共中央政治局第五次集体学习时强调,要坚持改革创新,推进大中小学思想政治教育一体化建设,提高思政课的针对性和吸引力。2019年8月,中共中央办公厅、国务院办公厅印发的《关于深化新时代学校思想政治理论课改革创新的若干意见》强调,思政课建设只能加强、不能削弱,必须切实增强办好思政课的信心,全面提高思政课质量和水平。对于如何具体办好、讲好思想政治理论课,《新时代爱国主义教育实施纲要》从授课基本宗旨、师资队伍建设、学生主体作用三个层面予以了细化。在授课基本宗旨方面,要引导学生把爱国情、强国志、报国行自觉融入坚持和发展中国特色社会主义事业、建设社会主义现代化强国、实现中华民族伟大复兴的奋斗之中。在师资队伍建设方面,要按照政治强、情怀深、思维新、视野广、自律严、人格正的要求,加强思想政治理论课教师队伍建设,让有信仰的人讲信仰,让有爱国情怀的人讲爱国。在学生主体作用方面,采取互动式、启发式、交流式教学,增强思想性、理论性和亲和力、针对性。思想政治理论课是一门讲理的课,教师要始终坚持以学生为中心,不断提升讲理的能力,优化讲理的方式,改善讲理的效果。

3. 建立爱国主义教育相关课程联动机制

《爱国主义教育法》第十五条强调,要将爱国主义教育内容融入各类学科和教材中,各级各类学校和其他教育机构应当按照国家规定建立爱国主义教育相关课程联动机制。建立爱国主义教育相关课程联动机制的目的是提升爱国主义教育的针对性、系统性和亲和力、感染力,让进课堂和进教材中的爱国主义教育内容最终进头脑。相关课程联动顺畅,爱国主义教育将事半功倍、立竿见影;相关课程联动不畅,爱国主义教育效果可能大打折扣。

4.将课堂教学与课外实践和体验相结合

2022年7月25日,教育部等十部门印发的《全面推进"大思政课"建设的工作方案》提出,要善用社会大课堂,构建实践教学工作体系,组织开展多样化的实践教学并积极建设"大思政课"实践教学基地。《新时代爱国主义教育实施纲要》和《爱国主义教育法》也都特别强调广泛组织开展爱国主义教育实践活动,将课堂教学与课外实践和体验相结合,具体可以从三个方面来理解:一是把爱国主义教育内容融入校园文化建设和学校各类主题活动,大中小学的党组织、共青团、少先队、学生会、学生社团等,要把爱国主义内容融入党日团日、主题班会、班队会以及各类主题教育活动之中。二是组织学生参观爱国主义教育基地等场馆设施,组织大中小学生参观纪念馆、展览馆、博物馆、烈士纪念设施,参加军事训练、冬令营夏令营、文化科技卫生"三下乡"、学雷锋志愿服务、创新创业、公益活动等,更好地了解国情民情,强化责任担当。三是参加爱国主义教育校外实践活动,密切与城市社区、农村、企业、部队、社会机构等的联系,拓展爱国主义教育校外实践领域。

(六)对未成年人的爱国主义教育

《爱国主义教育法》第十七条　未成年人的父母或者其他监护人应当把热爱祖国融入家庭教育,支持、配合学校开展爱国主义教育教学活动,引导、鼓励未成年人参加爱国主义教育社会活动。

第三十六条　国家鼓励和支持出版体现爱国主义精神的优秀课外读物,鼓励和支持开发体现爱国主义精神的面向青少年和儿童的动漫、音视频产品等。

未成年人正处于世界观、人生观、价值观的形成时期,是爱国主义教育工作需要重点对待的群体。《新时代爱国主义教育实施纲要》特别提出要把青少年作为爱国主义教育的重中之重,要紧紧抓住青少年阶段的"拔节孕穗期"。未成年人的爱国主义教育需要学校、家庭、社会相互协作。《未成年人保护法》第五条规定,国家、社会、学校和家庭应当加强对未成年人的爱国主义、集体主义和中国特色社会主义教育。《爱国主义教育法》第十五条和第十六条蕴含了学校在未成年人爱国主义教育方面的具体职责,第十七条和第三十六条则分别从家庭和社会层面提出了支持和保障未成年人爱国主义教育工作顺利推进的具体要求。

1. 家庭层面

《爱国主义教育法》第十七条规定了未成年人的父母或者其他监护人在爱国主义教育方面的三项义务。一是把热爱祖国融入家庭教育。原生家庭环境对未成年人的成长及其观念塑造具有十分深刻和久远的影响,良好的家风家教可以潜移默化地培育和增进未成年人对中华民族和伟大祖国的情感。各地应该通过多种形式开展针对未成年人监护人的爱国主义教育培训,在对未成年人监护人进行爱国主义教育的同时,提升其爱国主义教育的能力和水平,解决家庭教育中"教什么"和"怎么教"的问题。二是支持、配合学校开展爱国主义教育教学活动。学校开展的冬令营夏令营、文化科技卫生"三下乡"、学雷锋志愿服务、创新创业等爱国主义教育教学活动离不开学生家庭的支持,未成年人监护人应当努力支持和配合学校活动。三是引导、鼓励未成年人参加爱国主义教育社会活动。学校虽然可以为未成年人参加爱国主义教育社会活动提供机会,但能否取得实效则在很大程度上取决于未成年人的主观意愿。未成年人监护人通过引导、鼓励未成年人参加爱国主义教育社会活动,可以有力强化其主观能动性,提升实践教育的效果。

2. 社会层面

对未成年人进行爱国主义教育中的社会力量亦不可忽视。社会力量作用的方向正确,则能对爱国主义教育产生巨大促进效果;社会力量作用的方向错误,将对爱国主义教育产生严重的负面影响。《爱国主义教育法》多处提到要发挥社会力量的作用,其中第三十六条重点针对未成年人,可以从两个方面进行理解。一是"国家鼓励和支持"彰显的是国家在爱国主义教育中的主体责任,是落实《宪法》第二十四条"在人民中进行爱国主义、集体主义和国际主义、共产主义的教育"规定的具体体现。二是"出版体现爱国主义精神的优秀课外读物"与"开发体现爱国主义精神的面向青少年和儿童的动漫、音视频产品等"指向的是爱国主义教育资源的社会供给。

三 热点问题聚焦

(一)《爱国主义教育法》的立法背景

我国《宪法》"总纲"第二十四条明确规定国家要在人民中进行爱国主义教育。党的十八大以来,习近平总书记高度重视爱国主义教育,对弘扬爱国主义精神发表了一系列重要论述。党的十九大报告在"巩固和发展爱国统一战线"部分提出"要高举爱国主义、社会主义旗帜",在"加强思想道德建设"部分提出"加强爱国主义、集体主义、社会主义教育"。党的二十大报告在"广泛践行社会主义核心价值观"部分提出要"深化爱国主义、集体主义、社会主义教育,着力培养担当民族复兴大任的时代新人"。爱国主义教育涉及爱国统一战线的巩固和发展、全社会文明程度的提高、中华民族复兴伟业的推进。新时代加强爱国主义教育,对于振奋民族精神、凝聚全民族力量,夺取新时代中国特色社会主义伟大胜利,实现中华民族伟大复兴的中国梦,具有重大而深远的意义。

2019 年 11 月,中共中央、国务院印发《新时代爱国主义教育实施纲要》,对爱国主义教育进行全面部署,并强调要强化制度和法治保障,把爱国主义精神融入相关法律法规和政策制度。制定《爱国主义教育法》,一方面是将党中央推进爱国主义教育的经验以法律的形式固定下来,另一方面是为推进爱国主义教育提供坚实的法律保障。2023 年 4 月 14 日,第十四届全国人民代表大会常务委员会第二次会议修改确定的《全国人大常委会 2023 年度立法工作计划》将《爱国主义教育法》列入"初次审议的法律案"。《爱国主义教育法(草案)》在起草过程中,广泛征求了有关方面特别是基层立法联系点的意见和建议。2023 年 6 月 26 日,《爱国主义教育法(草案)》提请第十四届全国人民代表大会常务委员会第三次会议审议。2023 年 10 月 24 日,《爱国主义教育法》经第十四届全国人民代表大会常务委员会第六次会议表决通过,自 2024 年 1 月 1 日起施行。

(二)《爱国主义教育法》的立法目的

《爱国主义教育法》的立法目的集中体现在第一条的规定之中。

1. 加强新时代爱国主义教育

加强新时代爱国主义教育是《爱国主义教育法》的首要立法目的。《爱国主义教育法》以法律形式将党中央关于爱国主义教育的主张上升为国家意志,将爱国主义教育工作实践中的有效做法和党中央对爱国主义教育的工作部署确立为法定职责,并明确公民和组织在爱国主义教育中应当遵守的法定义务,有利于将新时代爱国主义教育全面纳入法治化轨道。2023年11月27日,习近平总书记在二十届中共中央政治局第十次集体学习时强调,法律是社会生活、国家治理的准绳。将爱国主义教育纳入法治化轨道,是促进新时代爱国主义教育常态化、规范化开展的必然举措,是新时代爱国主义教育走深走实的法律保障。

2.传承和弘扬爱国主义精神

爱国主义是中华民族精神的核心,是中华民族团结奋斗、自强不息的精神纽带。传承和弘扬爱国主义精神是新时代全面建设社会主义现代化国家、全面推进中华民族伟大复兴所必须同步推进的重要工程。仅仅依靠道德规范、乡规民约等不足以系统深入地推进爱国主义精神的传承和弘扬。《爱国主义教育法》一方面明确了爱国主义教育的主要内容,另一方面全面规定了爱国主义教育工作中各方主体的职责,为传承和弘扬爱国主义精神搭建了法律框架。

3.凝聚全面建设社会主义现代化国家、全面推进中华民族伟大复兴的磅礴力量

凝聚全面建设社会主义现代化国家、全面推进中华民族伟大复兴的磅礴力量是《爱国主义教育法》的根本目的。《爱国主义教育法》正是在全面建成社会主义现代化强国、实现中华民族伟大复兴征程的时代背景下产生的,全面建成社会主义现代化强国、实现中华民族伟大复兴征程也是爱国主义教育的鲜明主题。2020年10月29日,习近平总书记在党的十九届五中全会第二次全体会议上的重要讲话中对国内外形势进行了深入分析:从国际看,世界百年未有之大变局进入加速演变期,国际环境日趋错综复杂;从国内看,我国继续发展具有多方面优势和条件,也面临不少困难和挑战。在这种复杂多变的大背景下,要实现中国式现代化和中华民族伟大复兴,必须通过爱国主义教育凝聚磅礴力量。

4.落实宪法规定和宪法精神

习近平总书记指出,宪法的生命在于实施,宪法的权威也在于实施。党的二十大报告提出,要加强宪法实施和监督,健全保证宪法全面实施的制度体系,更好发挥宪法在治国理政中的重要作用,维护宪法权威。宪法实施的重要形式就是通过制定法律的方式把宪法规定和宪法精神具体化、明确化。在人民中进行爱国主义教育是《宪法》规定的一项国家义务,在时机成熟的时候对爱国主义教育进行专门立法是落实宪法规定和宪法精神的具体体现。《爱国主义教育法》第一条明确规定"根据宪法,制定本法",意在强调《爱国主义教育法》是对宪法的落实。

(三)网络信息服务提供者的义务

随着数字化时代的到来,互联网已经深度嵌入亿万群众的生产、生活、学习之中,也逐步成为爱国主义教育的重要载体。如何发挥网络信息服务的作用是爱国主义教育工作不可回避的话题。《爱国主义教育法》第三十二条从内容和形式两个方面规定了网络信息服务提供者在爱国主义教育中应当履行的义务。

1.内容方面

根据《爱国主义教育法》第三十二条的规定,"网络信息服务提供者应当加强网络爱国主义教育内容建设,制作、传播体现爱国主义精神的网络信息和作品"。《新时代爱国主义教育实施纲要》明确提出,要"加强爱国主义网络内容建设,广泛开展网上主题教育活动,制作推介体现爱国主义内容、适合网络传播的音频、短视频、网络文章、纪录片、微电影等,让爱国主义充盈网络空间"。《爱国主义教育法》对爱国主义教育内容和爱国主义精神进行了具体规定,网络信息服务提供者应当围绕法律规定不断优化内容和作品。除了《爱国主义教育法》

外,其他法律法规对网络信息服务提供者在网络爱国主义教育内容建设方面也提出了要求。《英雄烈士保护法》第十九条规定,互联网信息服务提供者应当通过播放或者刊登英雄烈士题材作品、发布公益广告、开设专栏等方式,广泛宣传英雄烈士事迹和精神。《未成年人网络保护条例》第二十一条规定,国家鼓励和支持制作、复制、发布、传播弘扬社会主义核心价值观和社会主义先进文化、革命文化、中华优秀传统文化,铸牢中华民族共同体意识,培养未成年人家国情怀和良好品德,引导未成年人养成良好生活习惯和行为习惯等的网络信息,营造有利于未成年人健康成长的清朗网络空间和良好网络生态。网络信息服务提供者应当全面了解和贯彻法律法规的相关规定。

2. 形式方面

根据《爱国主义教育法》第三十二条的规定,网络信息服务提供者应当开发、运用新平台新技术新产品,生动开展网上爱国主义教育活动。《新时代爱国主义教育实施纲要》明确提出,要创新传播载体手段,积极运用微博微信、社交媒体、视频网站、手机客户端等传播平台,运用虚拟现实、增强现实、混合现实等新技术新产品,生动活泼开展网上爱国主义教育。网络信息服务的优势,一方面在于可以充分利用碎片化的时间通过形式多样的网络产品开展爱国主义教育,使爱国主义教育融入日常生活;另一方面在于可以通过大数据精准识别用户群体,有针对性地开发和推送爱国主义教育产品,实现精准化的爱国主义教育。在教育形式方面,网络信息服务提供者还可以强化同线下爱国主义教育基地的融合,实现优势互补,不断开发出形式新颖生动的爱国主义教育产品。

以上主要是从网络信息服务提供者角度对《爱国主义教育法》第三十二条进行的分析,但要落实好这一规定还离不开网信部门的指导、支持和监管。网信部门除了在强化对网络信息服务提供者在爱国主义教育内容建设和形式创新方面的指导与支持外,还应该制定和完善网络治理相关规定,加大对含有违反《爱国主义教育法》内容的网络信息的治理力度,压实网络信息服务提供者主体责任。

(四)禁止公民和组织从事的行为

《爱国主义教育法》第三十七条在规定公民和组织"弘扬爱国主义精神,自觉维护国家安全、荣誉和利益"积极义务的同时,还规定了公民和组织的消极义务,即禁止公民和组织从事的行为。第三十七条列举了五项公民和组织不得从事的行为,其中前四项是在总结实践经验的基础上对禁止性行为的明确规定,第五项则是法律的兜底条款。

1. 侮辱国旗、国歌、国徽或者其他有损国旗、国歌、国徽尊严的行为

国旗、国歌、国徽是国家的象征。侮辱国旗、国歌、国徽或者贬损国旗、国歌、国徽尊严是严重背离爱国主义精神的违法行为。2021年7月,"乱港分子"郑某进将东京奥运会男子花剑个人赛金牌得主张家朗颁奖视频中的国歌《义勇军进行曲》替换为"港独"歌曲发布到网上。香港东区裁判法院以"侮辱国歌罪"判处郑某进入狱三个月,这是香港首宗"侮辱国歌罪"定罪案件。

2. 歪曲、丑化、亵渎、否定英雄烈士事迹和精神

英雄烈士事迹和精神是中华民族的共同历史记忆和社会主义核心价值观的重要体现。全社会都应当崇尚、学习、捍卫英雄烈士。歪曲、丑化、亵渎、否定英雄烈士事迹和精神不仅损害了英雄烈士的名誉,也伤害了广大人民群众的情感,应当依法予以严惩。2021年5月,南京市民仇某明为博取眼球,使用其粉丝数250余万的社交账号,发布歪曲卫国成边官兵的英雄事迹、诋毁贬损卫国戍边官兵英雄精神的内容,被依法判处有期徒刑八个月。

3. 宣扬、美化、否认侵略战争、侵略行为和屠杀惨案

1840年鸦片战争以来,西方列强发动的侵略战争给中国人民带来了深重的灾难。时下却有一些不法分子为了一己私利通过各种方式宣扬、美化、否认侵略战争、侵略行为和屠杀惨案,试图混淆是非、篡改历史。湖北大学人文学院教授、博士生导师梁某萍在社交网络平台上多次发布、转发"涉日""涉港"等错误言论,否认南京大屠杀并美化日本靖国神社,引起社会各界强烈愤慨。2020年6月,经湖北大学校纪委研究、校党委审议,决定对梁某萍处以开除党籍处分。

4. 侵占、破坏、污损爱国主义教育设施

爱国主义教育设施是进行爱国主义教育的重要载体,任何公民和组织不得侵占、破坏、污损爱国主义教育设施。2023年12月26日,一则"詹忠义烈士墓再次被砸"的新闻引发舆论关注。2007年9月11日,25岁的詹忠义在出警时壮烈牺牲。2012年冬至前夕,詹忠义烈士的亲属在祭扫时发现,不仅烈士墓被人砸了,连墓碑上方的五角星也被破坏了。11年后,詹忠义烈士墓地设施再次遭到破坏。由于无法找到违法行为人,当地政府对墓地设施修缮后增加了安防监控。

5. 法律、行政法规禁止的其他行为

本项属于兜底性规定,即《爱国主义教育法》禁止公民和组织从事的行为不仅包括以上四项,还包括法律和行政法规禁止的其他相关行为。为了保障公民和组织的权利,本项仅规定了法律和行政法规两种立法形式。这意味着地方性法规、规章和其他规范性文件不能另行设置禁止性事项。从《爱国主义教育法》第三十七条的实施层面来看,公民、组织以及执法人员不仅要熟悉《爱国主义教育法》的规定,还要熟悉其他法律、行政法规的相关规定。

(五)爱国主义教育中的奖惩措施

为推动爱国主义教育工作顺利开展,《爱国主义教育法》专门设置了"支持保障"一章,并规定了相关的奖惩措施。

1. 奖励措施

《爱国主义教育法》第三十三条第三款规定,"对在爱国主义教育工作中做出突出贡献的单位和个人,按照国家有关规定给予表彰和奖励"。奖励是法律实施的一项重要机制,旨在从正面激发单位和个人履行法律义务的积极性和创造性。本条属于准用性规范,并未对表彰和奖励作出具体规定,而是要适用国家有关规定。此处的"国家有关规定"应作广义理解,既包括中央国家机关的规定,如中共中央、国务院发布的《国家功勋荣誉表彰条例》,也包括地方国家机关的规定,如江西省人民政府发布的《江西省行政奖励规定》。

2. 惩处措施

对于爱国主义教育工作中的违法违规行为,《爱国主义教育法》从内外两个视角规定了惩处措施。对于公民和组织违反第三十七条的行为,《爱国主义教育法》第三十八条规定,"教育、文化和旅游、退役军人事务、新闻出版、广播电视、电影、网信、文物等部门应当按照法定职责,对违反本法第三十七条规定的行为及时予以制止,造成不良社会影响的,应当责令及时消除影响,并依照有关法律、行政法规的规定予以处罚。构成违反治安管理行为的,依法给予治安管理处罚;构成犯罪的,依法追究刑事责任"。本条规定的处罚包括三种类型:一是行政处罚,二是治安管理处罚,三是刑事处罚。行政处罚由教育、文化和旅游、退役军人事务、新闻出版、广播电视、电影、网信、文物等部门在各自法定职权范围内实施。治安管理处罚由公安机关依照《中华人民共和国治安管理处罚法》实施。刑事处罚则由刑事追诉机关依照《中华人民共和国刑法》实施。

在行政处分方面，《爱国主义教育法》第三十九条规定，"负有爱国主义教育职责的部门、单位不依法履行爱国主义教育职责的，对负有责任的领导人员和直接责任人员，依法给予处分"。行政处分是国家行政机关依照行政隶属关系给予有违法失职行为的国家机关公务人员的一种惩罚措施，包括警告、记过、记大过、降级、撤职、开除。可能受到行政处分的包括两类主体：一是负有责任的领导人员，二是直接责任人员。行政处分的理由是负有爱国主义教育职责的部门、单位不依法履行爱国主义教育职责。"不依法履行爱国主义教育职责"既包括相关部门、单位未完成本身应当完成的爱国主义教育工作，也包括相关部门、单位对于公民和组织实施违法行为时未依法采取相关处理措施。对负有责任的领导人员和直接责任人员予以行政处分的法律依据则主要是《中华人民共和国公务员法》《中华人民共和国公职人员政务处分法》等。

第 二 章
中华人民共和国行政复议法

（法律条文）

（自测题）

《中华人民共和国行政复议法》(以下简称《行政复议法》)于1999年4月29日经第九届全国人民代表大会常务委员会第九次会议通过,自1999年10月1日起施行;根据2009年8月27日第十一届全国人民代表大会常务委员会第十次会议《关于修改部分法律的决定》第一次修正,根据2017年9月1日第十二届全国人民代表大会常务委员会第二十九次会议《关于修改〈中华人民共和国法官法〉等八部法律的决定》第二次修正。2023年9月1日,第十四届全国人民代表大会常务委员会第五次会议通过新修订的《行政复议法》,自2024年1月1日起施行,这是《行政复议法》实施以来的首次全面修订。《行政复议法》是行政领域的一部重要法律,是行政系统内部化解行政争议和自我纠错的重要监督机制,是公民、法人和其他组织向行政机关申请行政救济、解决行政争议、维护自身合法权益的法治保障。《行政复议法》包括总则、行政复议申请、行政复议受理、行政复议审理、行政复议决定、法律责任、附则,共七章九十条,构建了统一、科学的行政复议体制,完善了规范、高效的行政复议工作机制,对于发挥行政复议公正高效、便民为民的制度优势,提高维护公民、法人和其他组织合法权益和监督依法行政、实质化解决行政争议的效能,推进法治国家、法治政府、法治社会一体建设具有重大意义。

一 典型案例分析

（一）某水果店不服某市场监督管理局行政处罚案

【基本案情】

2022年10月，某市场监督管理局通过现场抽检方式发现某水果店销售的香蕉农药残留含量超标。经立案调查，市场监督管理局根据《中华人民共和国食品安全法》第三十四条第（二）项和第一百二十四条第一款第（一）项的规定，对该水果店作出没收违法所得22.31元和罚款5万元的行政处罚决定。该水果店认为该处罚决定适用法律依据错误，且违法所得仅22.31元，罚款却高达5万元，行政处罚过重，遂申请行政复议。

行政复议机关认为该水果店未自觉履行进货查验等各项法律义务，造成农药残留含量超标的香蕉流向市场，市场监督管理局认定其行为违法并无不当，行政处罚决定适用法律依据正确。考虑到该水果店在办案过程中积极配合调查处理，且系初次违法，对外销售不合格的商品仅1.86公斤，违法所得仅为22.31元，依据《中华人民共和国行政处罚法》（以下简称《行政处罚法》）和《江西省市场监督管理行政处罚裁量权适用规则（试行）》第十四条第（一）（二）（七）项等有关规定，可以从轻或减轻行政处罚。在此情况下，市场监督管理局决定罚款5万元，不符合《行政处罚法》《江西省市场监督管理行政处罚裁量权适用规则（试行）》中关于"过罚相当原则"和"综合裁量原则"的要求。

【案件结果】

经调解,市场监督管理局撤销原行政行为并重新作出处罚决定,随后该水果店主动撤回行政复议申请,案涉争议得以实质性化解。

【案件评析】

《行政复议法》第一条　为了防止和纠正违法的或者不当的行政行为,保护公民、法人和其他组织的合法权益,监督和保障行政机关依法行使职权,发挥行政复议化解行政争议的主渠道作用,推进法治政府建设,根据宪法,制定本法。

行政复议不仅要对行政机关是否依法行政进行审查,还要对行政机关实施行政管理是否公平公正、自由裁量是否符合法律目的、所采取的措施手段是否必要应当等适当性进行审查。本案的办理,较好地兑现了行政合理性法治要求,发挥了行政复议合理性审查的制度优势。行政处罚中的"过罚相当原则",要求行政机关既要严格执法维护社会管理秩序,也要兼顾相对人违法的实际情况,在足以实现行政目的的前提下,应尽量减少对相对人权益的损害。准确适用"过罚相当原则",有利于促进公正执法、精准执法,满足人民群众对公平正义的合理期待;而过罚失当的行政处罚不仅不符合《行政处罚法》的立法原旨,也与社会公众的朴素价值观相悖。而一次不合理的处罚,有可能让一个小商贩陷入难以为继的困境,甚至引发社会问题。因此,执法机关在执法过程中,既要严格执法查处违法行为,也要遵循合理性原则,作出的处罚决定要综合行为人的违法性质、违法情节、主观过错、危害程度及改正情况等因素,将行政处罚相关法律中规定的从轻处罚、减轻处罚一般规则与单行法的具体罚则相结合,全面准确适用法律,确保行政处罚的实施既有力度也有温度,实现良法善治。行政复议机关也要坚持全面审查的原则,更好地保护公民、法人和其他组织的合法权益。

(二)吴某某不服某市水利局政府信息公开答复案

【基本案情】

2019年,某市交通运输局对一座桥梁进行危桥重建,某市水利局同意了该工程建设。吴某某的房屋紧邻该桥梁,担心河道内的建设行为会影响河道行洪而危及自家房屋安全。为了解相关情况,2023年12月13日,吴某某向市水利局邮寄政府信息公开申请,请求公开上述工程项目的审查同意书、对该工程项目是否符合审查同意书的要求进行检查的情况和定期对项目进行检查的情况。2023年12月16日,市水利局收到上述政府信息公开申请,认为自身仅负有对上述建设项目进行洪水影响评价、监督的职责,吴某某申请公开的事项不属于其职责范围。2024年1月3日,市水利局作出《政府信息公开申请答复书》,以此项目由其他单位负责实施,其仅负责对该项目洪水影响进行评价,审查意见和检查监督情况等信息"不属于本单位制作和保存,无法提供"进行答复。吴某某不服答复内容,向行政复议机关提起行政复议。

本案为政府信息公开类行政复议案件,依法按照简易程序进行审理。行政复议机关认为,根据《江西省河道管理条例》的相关规定,市水利局作为案涉工程所在地区的水利行政主管部门,负有对河道管理范围内兴建工程等作业活动的审查、检查、监督等法定职责,当然属于制作相关建设项目审查意见、检查监督情况等信息的行政机关。行政复议期间,市水利局结合吴某某行政复议申请书中关于所需公开政府信息的描述,再次进行检索,发现其曾在 2020 年 11 月 13 日作出过关于上述桥梁重建工程洪水评价报告的批复,在 2020 年 11 月 26 日对涉河建设项目进行过现场检查并保存了检查材料。故市水利局作出"不属于本单位制作和保存,无法提供"的政府信息公开答复,认定事实不清,且答复中未列明适用法律依据,不符合法律规定。

【案件结果】

行政复议机关撤销案涉政府信息公开答复,并责令市水利局自收到决定书之日起 20 个工作日内重新依法作出答复。

【案件评析】

《行政复议法》第五十三条　行政复议机关审理下列行政复议案件,认为事实清楚、权利义务关系明确、争议不大的,可以适用简易程序:

(一)被申请行政复议的行政行为是当场作出;

(二)被申请行政复议的行政行为是警告或者通报批评;

(三)案件涉及款额三千元以下;

(四)属于政府信息公开案件。

除前款规定以外的行政复议案件,当事人各方同意适用简易程序的,可以适用简易程序。

第六十四条　行政行为有下列情形之一的,行政复议机关决定撤销或者部分撤销该行政行为,并可以责令被申请人在一定期限内重新作出行政行为:

(一)主要事实不清、证据不足;

(二)违反法定程序;

(三)适用的依据不合法;

(四)超越职权或者滥用职权。

行政复议机关责令被申请人重新作出行政行为的,被申请人不得以同一事实和理由作出与被申请行政复议的行政行为相同或者基本相同的行政行为,但是行政复议机关以违反法定程序为由决定撤销或者部分撤销的除外。

本案是政府信息公开类行政复议的典型案例。申请政府信息公开是群众监督行政权力的法定方式,保障的是社会公众的知情权。《中华人民共和国政府信息公开条例》第三十六条针对行政机关收到政府信息公开申请后该如何答复,明确列举了七种处理情形。而有的行政机关在答复时无法准确理解、运用,比如属于公开范围的政府信息因未检索到就直接答复不属于本机关公开,答复不规范;在答复中未告知已经主动公开的政府信息的获取渠道和途径;引用法条不正确,甚至不引用;信息检索处理方式简单甚至粗糙,检索不尽责;对申请人申请的政府信息描述不准确的,未按照法律规定向申请人询问明确,简单片面解读;等等。这不仅会导致行政机关的信息公开答复行为在行政复议中屡屡被纠错,也会因工作不规范、履责不到位给行政机关增加工作负担。行政复议作为政府系统自我纠错的监督制度,是上级行政机关对下级行政机关违法或不当行政行为的监督和纠正。行政复议机关在处理这类案件时,必须坚持"刀刃向内",通过行政复议倒逼行政机关依法行政,对违法或不当行政行为,要能准确运用撤销、变更、确认违法、责令履行等不同形式的复议决定予以纠正,维护公民、法人和其他组织的合法权益,推进法治政府建设。

(三)某矿业有限公司不服某自然资源局行政处罚案

【基本案情】

2021年7月,某矿业有限公司未经批准,擅自占用土地14.82亩(其中耕地9.06亩、林地4.95亩、建设用地0.81亩)建设矿产品加工厂,案发时主体建筑已动工建成,且违法建设一直在持续。某自然资源局经过调查后于2022年11月6日作出行政处罚决定并送达该矿业有限公司,对其罚款559.04万元,责令其限期恢复土地原状或者限期完善相关用地手续。行政处罚决定书中载明了申请行政复议的权利、行政复议机关和申请期限。该矿业有限公司认为自然资源局作出的处罚适用法律法规错误,于2023年7月10日提起行政复议,请求撤销处罚决定。

行政复议机关认为,该矿业有限公司违法占用土地的行为虽然始发于《中华人民共和国土地管理法实施条例》(以下简称《土地管理法实施条例》)修订前,但其违法行为一直处于持续状态,修订后的《土地管理法实施条例》生效时其违法建设仍在进行中,根据《国土资源部关于查处土地违法行为如何适用〈土地管理法〉有关问题的通知》规定,自然资源局适用修订后的《土地管理法实施条例》对该矿业有限公司进行处罚,适用法律正确,且自然资源局已按行政处罚关于裁量权的适用规定,对该矿业有限公司予以了从轻处罚,处罚适当。但该矿业有限公司收到行政处罚决定书8个月后才申请行政复议,已经超过法定的复议期限。

【案件结果】

行政复议机关以超期为由,依法驳回了该矿业有限公司的行政复议申请。

【案件评析】

《行政复议法》第二十条　公民、法人或者其他组织认为行政行为侵犯其合法权益的,可以自知道或者应当知道该行政行为之日起六十日内提出行政复议申请;但是法律规定的申请期限超过六十日的除外。

因不可抗力或者其他正当理由耽误法定申请期限的,申请期限自障碍消除之日起继续计算。

行政机关作出行政行为时,未告知公民、法人或者其他组织申请行政复议的权利、行政复议机关和申请期限的,申请期限自公民、法人或者其他组织知道或者应当知道申请行政复议的权利、行政复议机关和申请期限之日起计算,但是自知道或者应当知道行政行为内容之日起最长不得超过一年。

第三十条　行政复议机关收到行政复议申请后,应当在五日内进行审查。对符合下列规定的,行政复议机关应当予以受理:

(一)有明确的申请人和符合本法规定的被申请人;

(二)申请人与被申请行政复议的行政行为有利害关系;

(三)有具体的行政复议请求和理由;

(四)在法定申请期限内提出;

(五)属于本法规定的行政复议范围;

(六)属于本机关的管辖范围;

(七)行政复议机关未受理过该申请人就同一行政行为提出的行政复议申请,并且人民法院未受理过该申请人就同一行政行为提起的行政诉讼。

对不符合前款规定的行政复议申请,行政复议机关应当在审查期限内决定不予受理并说明理由;不属于本机关管辖的,还应当在不予受理决定中告知申请人有管辖权的行政复议机关。

行政复议申请的审查期限届满,行政复议机关未作出不予受理决定的,审查期限届满之日起视为受理。

第三十三条 行政复议机关受理行政复议申请后,发现该行政复议申请不符合本法第三十条第一款规定的,应当决定驳回申请并说明理由。

在法定申请期限内提出行政复议申请是行政复议机关受理行政复议申请的条件之一。行政复议申请期限,既赋予了行政相对人在此期限内享有申请行政复议的权利,又明确了行政相对人如果超出期限申请行政复议将产生不予受理或驳回请求的法律后果。明确的申请期限设定起到了促使行政相对人及时行使权利、稳定行政法律程序、降低案件审理难度的法律作用,符合行政复议救济程序设立的立法本意。本案中,行政复议机关经过审查,认为自然资源局的行政处罚决定适用法律正确,处罚幅度合法适当。2022年11月6日自然资源局就将处罚决定书送达该矿业有限公司,但该公司于2023年7月10日才向行政复议机关提起行政复议申请,明显超过法定行政复议申请期限,且无不可抗力或者其他正当理由,故被行政复议机关以超期为由驳回了申请。这也提醒我们,当认为行政机关行政行为侵害自身合法权益时,应当在法定的期限内,及时通过行政复议或诉讼渠道寻求权利救济。

(四)某工程有限公司不服某人社局行政确认案

【基本案情】

2022年9月,徐某受某工程有限公司指派进入其承包的某工程项目工地工作。2022年10月30日14时许,徐某在工地楼梯间作业时,从木架上摔至钢管脚手架的木板,木板断裂后又摔落至一楼受伤,经鉴定为八级伤残。2023年1月,徐某向某人社局提出工伤认定申请,人社局依法受理后作出《工伤认定限期举证通知书》。工伤认定期间,该工程有限公司认为徐某受伤是其本人故意所为,不应该认定为工伤,但未提交有效证据证明。2023年3月,人社局作出《认定工伤决定书》,并送达该工程有限公司及徐某。该工程有限公司不服,申请行政复议,请求撤销该工伤认定决定。

行政复议机关认为,徐某是在工作时间、工作地点履行职务过程中受伤,符合《工伤保险条例》第十四条第一款第(一)项的规定,应当认定为工伤,人社局作出的《认定工伤决定书》事实清楚,适用法律正确。该工程有限公司主张徐某受伤系其本人故意所为,根据《工伤保险条例》第十九条第二款的规定,该公司应承担举证责任。在工伤认定及行政复议期间,该公司均未能提交有效证据证明徐某受伤符合《工伤保险条例》第十六条规定的不得认定为工伤或者视同工伤的三种情形,故其要求撤销工伤认定的理由不成立。

【案件结果】

行政复议机关维持了人社局作出的《认定工伤决定书》。

【案件评析】

《行政复议法》第四十四条 被申请人对其作出的行政行为的合法性、适当性负有举证责任。

有下列情形之一的,申请人应当提供证据:

(一)认为被申请人不履行法定职责的,提供曾经要求被申请人履行法定职责的证据,但是被申请人应当依职权主动履行法定职责或者申请人因正当理由不能提供的除外;

（二）提出行政赔偿请求的，提供受行政行为侵害而造成损害的证据，但是因被申请人原因导致申请人无法举证的，由被申请人承担举证责任；

（三）法律、法规规定需要申请人提供证据的其他情形。

《行政复议法》在"行政复议审理"一章专设"行政复议证据"一节，对证据种类、举证责任、行政复议机关调查取证、申请人阅卷权等作了比较全面的规定，构建了较为完备的行政复议证据规则。不同于民事诉讼中"谁主张、谁举证"的举证责任分配原则，行政复议案件的举证责任原则上由被申请人承担。这一方面是因为行政复议以行政行为的合法性和适当性为审查中心，对于行政机关作出的行政行为应当由行政机关承担举证责任；另一方面，行政机关在行政管理过程中处于管理者的优势地位，在举证能力上远优于行政相对人，由其承担举证责任更符合客观现实。但《行政复议法》在第四十四条中明确三种情形需由申请人提供证据，本案为其中一种，即法律、法规规定需申请人提供证据的。明晰举证责任，不仅有利于提高行政复议案件审理效率，也提示当事人在维权过程中收集及固定证据的重要性，否则应承担因举证不能而带来的不利法律后果。同时，本案作为一起典型的工伤保险行政复议案例，也警醒大家，工伤保险制度不仅可以保障劳动者的合法权益，还能有效帮助企业分散风险，减轻企业特别是事故、职业病高发企业的负担，维护正常的生产生活秩序。现实中，一些企业缺乏风险防范意识，存在侥幸心理，未给企业职工依法办理工伤保险，最后不得不支付高昂的费用，得不偿失。合法合规经营是企业控制和防范风险的基础和前提，是每个企业应牢牢坚守的底线，切忌只顾眼前利益，因小失大。

(五)某牧业有限公司不服某县农业农村局行政处罚案

【基本案情】

2023年8月29日,某市农业农村局指定由某县农业农村局承办某牧业有限公司应检疫而未检疫1237头生猪案。经查,2023年7月30—31日,该牧业有限公司将委托廖某某饲养的1237头生猪分两个批次销售给刘某某,其中472头生猪开具了动物检疫合格证明,另外765头生猪未开具动物检疫合格证明。刘某某又加价将该批生猪转售给某县肖某。10月23日,县农业农村局认定该牧业有限公司销售应当检疫而未检疫的生猪违法,遂作出《行政处罚决定书》,决定对其罚款345430.8元。该牧业有限公司认为廖某某才是申报该批次生猪检疫的责任主体,县农业农村局作出的行政处罚决定事实不清,遂申请行政复议,请求撤销该处罚决定。

行政复议机关认为,该牧业有限公司和廖某某签订的《生猪委托养殖合同》只能证明廖某某接受了该牧业有限公司的委托代为养殖生猪,不能证明该批次生猪申报检疫的责任主体是廖某某。而该牧业有限公司与刘某某签订的《商品猪购销协议》明确约定"甲方(该牧业有限公司)负责报请当地动物检疫主管部门检疫,提供检疫票,做到猪只耳标齐全",故该牧业有限公司是案涉生猪的货主,负有申报检疫的法定责任。该牧业有限公司销售未经检疫的生猪,违反了《中华人民共和国动物防疫法》第一百条的规定。案发后,该牧业有限公司积极配合执法机关查明违法事实,并对案涉生猪进行了补充检测,主动改正了违法行为,且检测亦未发现存在非洲猪瘟疫病的风险,该牧业有限公司的行为尚未造成实质性社会危害后果,具有从轻处罚的法定情节,但行政处罚时县农业农村局并未综合考虑,处罚过重。

【案件结果】

行政复议机关联合检察机关按照自愿、合法的原则对本案进行调解,对该牧业有限公司从轻处罚,并出具调解书。

【案件评析】

《行政复议法》第五条 行政复议机关办理行政复议案件,可以进行调解。

调解应当遵循合法、自愿的原则,不得损害国家利益、社会公共利益和他人合法权益,不得违反法律、法规的强制性规定。

第七十三条 当事人经调解达成协议的,行政复议机关应当制作行政复议调解书,经各方当事人签字或者签章,并加盖行政复议机关印章,即具有法律效力。

调解未达成协议或者调解书生效前一方反悔的,行政复议机关应当依法审查或者及时作出行政复议决定。

《行政复议法》注重发挥行政复议制度优势,强化调解、和解手段的运用,有利于行政复议更好地定分止争、案结事了,在前端减少诉讼增量,提升社会治理法治化水平。本案中,行政复议机关坚持和发展新时代"枫桥经验",真正考虑企业实际困难,积极召集案件双方当事人进行反复沟通协调,引导和帮助争议双方在合理、合法的范围内化解矛盾,促成县农业农村局在自由裁量权范围内对该牧业有限公司从轻处罚,最终实质性化解政企之间的纠纷,让行政处罚既有力度又有温度,真正实现案结事了。同时,联合检察机关等进行调解,既增强了调解的力度,也对整个调解工作起到监督作用,确保调解在合理合法范围内开展。

三 重点知识解读

(一)《行政复议法》的立法目的和功能定位

《行政复议法》第一条 为了防止和纠正违法的或者不当的行政行为,保护公民、法人和其他组织的合法权益,监督和保障行政机关依法行使职权,发挥行政复议化解行政争议的主渠道作用,推进法治政府建设,根据宪法,制定本法。

《行政复议法》于1999年制定,2009年、2017年两次修正,2023年9月1日首次全面修订。此次修订的一大亮点,就是进一步丰富完善了立法目的,新增"发挥行政复议化解行政争议的主渠道作用"和"推进法治政府建设"两项,同时调整了监督和保障的顺序,更强调行政复议对权力的监督。

1. 关于防止和纠正违法的或者不当的行政行为

行政复议的制度属性之一便是行政性,与行政诉讼只对行政行为进行合法性审查不同,行政复议机关基于层级监督有权对下级行政机关的行政行为进行全面审查,不仅包括合法性审查,也包括适当性审查。

2. 关于保护公民、法人和其他组织的合法权益

行政复议制度最早是从我国传统"民告官"的朴素法律思想中演变而来的,权利救济是其最基本的功能之一。行政复议制度兼具行政性和准司法性,具有公正、高效、便捷等优势,是保障公民、法人和其他组织合法权益的重要途径。

3. 关于监督和保障行政机关依法行使职权

行政复议既是行政系统解决行政争议的重要方式，也是行政系统内部自我纠错的重要制度。行政复议的功能之一，就是通过上下级行政机关的层级监督作用，由行政机关自己纠正违法的和不当的行政行为。《行政复议法》将该功能中"监督"和"保障"的顺序进行了调整，监督是整体性的，是对行政机关是否依法行使职权的全面监督，而保障是选择性的，是对行政机关依法行使职权的行为进行保障，顺序的调整更加突出强调行政复议对行政机关依法行政的监督作用。

4. 关于发挥行政复议化解行政争议的主渠道作用

我国的行政复议制度最初是为适应和配合《中华人民共和国行政诉讼法》的实行而建立的，当时的功能定位也仅为权力监督和权利救济，化解行政争议这一功能直到2007年《中华人民共和国行政复议法实施条例》中才首次被纳入。党的十八大以来，以习近平同志为核心的党中央高度重视行政复议工作。习近平总书记多次对行政复议工作作出重要指示，要求发挥行政复议公正高效、便民为民的制度优势和化解行政争议的主渠道作用。《行政复议法》将主渠道作用写入总则立法目的中，标志着行政复议制度不再是对行政诉讼制度的补充，而具有独立价值，并成为化解行政争议的主渠道。

5. 关于推进法治政府建设

党的二十大报告明确指出："法治政府建设是全面依法治国的重点任务和主体工程。"行政复议作为政府系统自我纠错的监督机制，通过纠正违法或者不当行政行为，给行政权力定规矩、划界限，提升政府依法行政的水平和公信力，是推动法治政府建设的重要抓手。《行政复议法》首次将推进法治政府建设写入立法目的，进一步扩大了受案范围，健全了监督的体制机制，完善了办案监督纠错的程序，强化了行政复议监督依法行政的功能作用，确保行政权力始终在法治轨道上运行。

(二)行政复议的范围

《行政复议法》第十一条 有下列情形之一的,公民、法人或者其他组织可以依照本法申请行政复议:

(一)对行政机关作出的行政处罚决定不服;

(二)对行政机关作出的行政强制措施、行政强制执行决定不服;

(三)申请行政许可,行政机关拒绝或者在法定期限内不予答复,或者对行政机关作出的有关行政许可的其他决定不服;

(四)对行政机关作出的确认自然资源的所有权或者使用权的决定不服;

(五)对行政机关作出的征收征用决定及其补偿决定不服;

(六)对行政机关作出的赔偿决定或者不予赔偿决定不服;

(七)对行政机关作出的不予受理工伤认定申请的决定或者工伤认定结论不服;

(八)认为行政机关侵犯其经营自主权或者农村土地承包经营权、农村土地经营权;

(九)认为行政机关滥用行政权力排除或者限制竞争;

(十)认为行政机关违法集资、摊派费用或者违法要求履行其他义务;

(十一)申请行政机关履行保护人身权利、财产权利、受教育权利等合法权益的法定职责,行政机关拒绝履行、未依法履行或者不予答复;

(十二)申请行政机关依法给付抚恤金、社会保险待遇或者最低生活保障等社会保障,行政机关没有依法给付;

(十三)认为行政机关不依法订立、不依法履行、未按照约定履行或者违法变更、解除政府特许经营协议、土地房屋征收补偿协议等行政协议；

（十四）认为行政机关在政府信息公开工作中侵犯其合法权益；

（十五）认为行政机关的其他行政行为侵犯其合法权益。

第十二条　下列事项不属于行政复议范围：

（一）国防、外交等国家行为；

（二）行政法规、规章或者行政机关制定、发布的具有普遍约束力的决定、命令等规范性文件；

（三）行政机关对行政机关工作人员的奖惩、任免等决定；

（四）行政机关对民事纠纷作出的调解。

第十三条　公民、法人或者其他组织认为行政机关的行政行为所依据的下列规范性文件不合法，在对行政行为申请行政复议时，可以一并向行政复议机关提出对该规范性文件的附带审查申请：

（一）国务院部门的规范性文件；

（二）县级以上地方各级人民政府及其工作部门的规范性文件；

（三）乡、镇人民政府的规范性文件；

（四）法律、法规、规章授权的组织的规范性文件。

前款所列规范性文件不含规章。规章的审查依照法律、行政法规办理。

《行政复议法》第二章第一节共三条，以列举的方式明确了行政复议的受案范围，公民、法人或者其他组织认为行政机关的行政行为侵犯其合法权益的，均可以依照本法申请行政复议。

1. 第十一条为正面清单

本条明确了"14+1"项行政复议受案范围。《行政复议法》修订后进一步扩大了受案范围，主要体现在以下四个方面：一是完善行政处罚、行政许可、行政强制、行政确认等纳入行政复议受案范围的表述，补全了相关的行政行为。二是新增五项可复议的行政行为，分别是：

行政协议类案件,包括行政机关不依法订立、不依法履行、未按照约定履行或者违法变更、解除政府特许经营协议、土地房屋征收补偿协议等行政协议;行政赔偿类案件;行政机关滥用行政权力限制和排除竞争类案件;政府信息公开类案件;工伤认定类案件。其中,政府信息公开案件和工伤认定类案件在实践中已有受理,这次修订将其上升为法律规定。三是取消经营自主权的"合法"限制。鉴于各类市场主体享有广泛的经营自主权,此次将"变更或者废止农业承包合同"修订为"侵犯农村土地承包经营权和农村土地经营权"。四是明确不履行法定职责分为拒绝履行、未依法履行和不予答复。

2. 第十二条为负面清单

本条规定国防、外交等国家行为,行政法规规章或者行政机关制定发布的具有普遍约束力的决定命令等规范性文件,行政机关对工作人员的奖励任免等决定,行政机关对民事纠纷作出的调解,这四项行为不属于行政复议受案范围。

3. 第十三条为附带审查范围

公民、法人或者其他组织对国务院部门、县级以上地方各级人民政府及工作部门、乡镇人民政府及法律法规规章授权的组织的规范性文件,都可以在申请行政复议时提出附带审查申请。本法还在第四章专设第五节,明确规范性文件附带审查的程序,根据有权处理和无权处理的情况分别规定了相应的处理流程、答复时限和审查意见运用规范等。

(三)行政复议的申请期限

《行政复议法》第二十条 公民、法人或者其他组织认为行政行为侵犯其合法权益的,可以自知道或者应当知道该行政行为之日起六十日内提出行政复议申请;但是法律规定的申请期限超过六十日的除外。

因不可抗力或者其他正当理由耽误法定申请期限的,申请期限自障碍消除之日起继续计算。

行政机关作出行政行为时,未告知公民、法人或者其他组织申请行政复议的权利、行政复议机关和申请期限的,申请期限自公民、法人或者其他组织知道或者应当知道申请行政复议的权利、行政复议机关和申请期限之日起计算,但是自知道或者应当知道行政行为内容之日起最长不得超过一年。

第二十一条　因不动产提出的行政复议申请自行政行为作出之日起超过二十年,其他行政复议申请自行政行为作出之日起超过五年的,行政复议机关不予受理。

行政复议申请期限,是指行政复议申请人依法向行政复议机关提出行政复议申请的起止时间。《行政复议法》修订后增加规定了行政机关未履行相关告知义务时申请期限的计算规则和最长申请时限。

1. 一般行政复议期限的计算

一般情况下,行政复议申请期限为六十天,从知道或应当知道行政行为之日起计算。所谓"知道",就是"明确知道",即当事人对某一行为、某一事物或者某种关系的发生、存在,确实地知道其内容、后果等,如交警履行告知义务后对违反交通管理的行为当场作出行政处罚决定,其行政复议申请期限从作出该处罚决定之日起开始计算。所谓"应当知道",是指从已有的客观条件和现实可能,推定当事人知道,此时行政复议期限的计算需要依据当事人提交的应当知道行政行为的证据进行判断。

2. 因不可抗力或者其他正当理由耽误法定申请期限的计算

参照《中华人民共和国民法典》(以下简称《民法典》)第一百八十条第二款规定,不可抗力是不能预见、不能避免且不能克服的客观情况,如自然灾害、军事活动等。而对于其他正当理由,关键在于理由是否正当,是否无法克服,如申请人病重、丧失行为能力等。出现上述两种情形的,申请期限自障碍开始之日起中断计算,自障碍消除之日起继续计算。

3. 行政机关未履行有关告知义务申请期限的计算

实践中,当事人因各种原因不知道自己有申请行政复议权利的情况时有发生,导致其在法定期限内没有申请行政复议,权利难以得到保障。《行政复议法》借鉴参考《最高人民法院关于适用〈中华人民共和国行政诉讼法〉的解释》第六十四条的规定,明确了行政机关未履行有关告知义务时申请期限的计算规则,以及此种情形的最长申请期限。在计算这类行政复议申请期限时,要注意两个问题:一是行政机关在作出行政行为时,应当准确地告知当事人申请行政复议的权利、行政复议机关和行政复议申请期限,缺一不可。只有在这三项都准确告知的情况下,才能成为行政复议申请期限的起算点。二是若现有证据无法证明行政机关作出行政行为后正确履行了有关告知义务,行政复议申请期限也不能无限期延迟计算,即当事人知道或应当知道行政行为之日起,认为其侵犯了自身合法权益的,就应当及时寻求救济渠道和途径,申请行政复议的期限最长不得超过一年。

4. 关于最长行政复议申请期限

最长行政复议申请期限与当事人知道或者应当知道行政行为无关,与行政机关是否履行告知义务无关,仅考虑行政行为作出的时间。行政复议作为一项行政救济制度,与行政、民事、刑事诉讼等其他救济制度一样,在时间上是有限制性要求的,不能无限期地提出,否则既有违于效率原则,也不利于行政管理秩序的稳定。《行政复议法》借鉴参考《中华人民共和国行政诉讼法》第四十六条第二款,规定因不动产提出的行政复议申请最长不得超过二十年,其他行政复议申请最长不得超过五年。

（四）行政复议的申请方式

《行政复议法》第二十二条　申请人申请行政复议,可以书面申请;书面申请有困难的,也可以口头申请。

书面申请的,可以通过邮寄或者行政复议机关指定的互联网渠道等方式提交行政复议申请书,也可以当面提交行政复议申请书。行政机关通过互联网渠道送达行政行为决定书的,应当同时提供提交行政复议申请书的互联网渠道。

口头申请的,行政复议机关应当当场记录申请人的基本情况、行政复议请求、申请行政复议的主要事实、理由和时间。

申请人对两个以上行政行为不服的,应当分别申请行政复议。

本条款是关于行政复议申请方式的规定,《行政复议法》修订后进一步明确了书面申请的提交方式,增加了通过互联网渠道送达行政行为决定的,应当同时提供提交行政复议申请书的互联网渠道的规定,并对"一行为一复议"作出明确规定。

1. 在行政复议申请的方式上,申请人可以书面申请;书面申请有困难的,也可以口头申请

书面申请的,可以通过邮寄或者行政复议机关指定的互联网渠道等方式提交行政复议申请书,也可以当面提交行政复议申请书。目前,江西省在省司法厅官网集中对外公布了全省各级行政复议机构的工作地址、咨询电话,全省112个行政复议机构也分别对外公布了自己的工作地址、咨询电话,并打造了行政复议受理立案接待大厅,同时依托公共法律服务中心、乡镇司法所、工业园区管理机构等公共服务场所设立了行政复议咨询受理窗口,方便群众灵活便捷选择行政复议申请方式,获取行政复议申请信息。

2. 互联网平台成为行政机关提供政务服务、开展政务监管的重要方式

随着信息技术的发展，各种电子政务 APP 不断涌现，如公安部统一研发的"交管12123"平台，因其方便快捷的突出优势逐渐成为越来越多行政相对人的首选。为了将便利从行政处罚决定前的陈述、申辩一直延伸至行政处罚决定作出后的权利救济，《行政复议法》修订后增加了相关规定，行政机关通过互联网渠道送达行政行为决定书的，应当同时提供提交行政复议申请书的互联网渠道。

3. "一行为一复议"

在司法实践中，"一事一诉讼"是人民法院受理行政诉讼的惯常做法。《行政复议法》借鉴了行政诉讼中的这一规定，申请人对两个以上行政行为不服的，应当分别申请行政复议，即"一行为一复议"。申请人对不同的行政行为分别提出申请，有助于行政复议工作人员厘清事实，有针对性地逐一审理，从而提升行政复议审理质效。

（五）行政复议前置

《行政复议法》第二十三条　有下列情形之一的，申请人应当先向行政复议机关申请行政复议，对行政复议决定不服的，可以再依法向人民法院提起行政诉讼：

（一）对当场作出的行政处罚决定不服；

（二）对行政机关作出的侵犯其已经依法取得的自然资源的所有权或者使用权的决定不服；

（三）认为行政机关存在本法第十一条规定的未履行法定职责情形；

（四）申请政府信息公开，行政机关不予公开；

（五）法律、行政法规规定应当先向行政复议机关申请行政复议的

其他情形。

对前款规定的情形,行政机关在作出行政行为时应当告知公民、法人或者其他组织先向行政复议机关申请行政复议。

行政复议前置是指对行政机关作出的特定行政行为不服时,应当先申请行政复议,对行政复议决定不服的,才可以继续提起行政诉讼。1989年制定的《中华人民共和国行政诉讼法》,首次对行政复议前置作出规定;1999年制定的《行政复议法》再次对其作出规定。实践证明,科学合理的行政复议前置设定具有提高行政争议解决效率、降低权利救济成本等优点。《行政复议法》进一步扩大了行政复议前置的范围,旨在让更多行政争议先通过行政复议程序予以解决。《行政复议法》新增三种情形,同时规定行政机关对这类争议应当依法告知当事人先申请复议,避免因"跑错"而增加救济成本。

1. 对当场作出的行政处罚决定不服的

比较常见的如交警现场开的罚单,一般这类处罚案情都比较简单,将这类案件纳入行政复议前置范围,便于群众以更小的时间成本和经济成本化解行政争议,也有利于行政管理秩序尽快恢复稳定。

2. 对行政不作为不服的

由于上级行政机关对下级行政机关是否具有履职义务、是否已经依法履职等情况掌握得比较准确,设置复议前置有利于行政机关自我纠错,减轻公民、法人或者其他组织的救济负担。

3. 对政府信息不予公开答复不服的

这类答复主要涉及国家秘密、国家安全、公共安全、经济安全、社会稳定和政府内部信息、过程性信息,由上级行政机关进行审查,更加准确、高效。

(六)行政复议管辖

《行政复议法》第二十四条 县级以上地方各级人民政府管辖下列行政复议案件：

(一)对本级人民政府工作部门作出的行政行为不服的；

(二)对下一级人民政府作出的行政行为不服的；

(三)对本级人民政府依法设立的派出机关作出的行政行为不服的；

(四)对本级人民政府或者其工作部门管理的法律、法规、规章授权的组织作出的行政行为不服的。

除前款规定外，省、自治区、直辖市人民政府同时管辖对本机关作出的行政行为不服的行政复议案件。

省、自治区人民政府依法设立的派出机关参照设区的市级人民政府的职责权限，管辖相关行政复议案件。

对县级以上地方各级人民政府工作部门依法设立的派出机构依照法律、法规、规章规定，以派出机构的名义作出的行政行为不服的行政复议案件，由本级人民政府管辖；其中，对直辖市、设区的市人民政府工作部门按照行政区划设立的派出机构作出的行政行为不服的，也可以由其所在地的人民政府管辖。

第二十五条 国务院部门管辖下列行政复议案件：

(一)对本部门作出的行政行为不服的；

(二)对本部门依法设立的派出机构依照法律、行政法规、部门规章规定，以派出机构的名义作出的行政行为不服的；

(三)对本部门管理的法律、行政法规、部门规章授权的组织作出的行政行为不服的。

第二十六条 对省、自治区、直辖市人民政府依照本法第二十四条第二款的规定、国务院部门依照本法第二十五条第一项的规定作出的行政复议决定不服的,可以向人民法院提起行政诉讼;也可以向国务院申请裁决,国务院依照本法的规定作出最终裁决。

第二十七条　对海关、金融、外汇管理等实行垂直领导的行政机关、税务和国家安全机关的行政行为不服的,向上一级主管部门申请行政复议。

第二十八条　对履行行政复议机构职责的地方人民政府司法行政部门的行政行为不服的,可以向本级人民政府申请行政复议,也可以向上一级司法行政部门申请行政复议。

行政复议管辖体制是行政复议制度的基础,集中行使行政复议权是行政复议体制改革的核心内容。《行政复议法》落实行政复议改革成果,改变过去"多头管辖"的体制,实现行政复议"一口对外",即除垂直领导等特殊情形外,申请人对县级以上地方各级人民政府工作部门及其派出机构、授权组织等作出的行政行为不服的,原则上统一向本级人民政府申请行政复议,方便人民群众找准行政复议机关,大体形成了"条块结合,以块为主"的管辖体制。

1. 关于县级以上地方各级人民政府行政复议案件管辖的规定

原则上,县级以上"一级"地方人民政府只保留"一个"行政复议机关,由本级人民政府统一行使行政复议职责,对本级人民政府工作部门和工作部门依法设立的派出机构、本级人民政府依法设立的派出机关、本级人民政府管理的法律、法规、规章授权的组织,以及下一级人民政府作出的行政行为不服的案件,均由本级人民政府管辖。此外,省、自治区、直辖市人民政府同时管辖对本机关作出的行政行为不服的行政复议案件。对直辖市、设区的市人民政府工作部门按照行政区划设立的派出机构作出的行政行为不服的案件,作出相对灵活的管辖制度安排,规定可以由其所在地的人民政府管辖,也可以由工作部门的同级人民政府管辖。

2. 关于国务院部门行政复议案件管辖的规定

国务院部门管辖本部门及其派出机构、管理的授权组织作为被申请人的行政复议案件。

3. 关于不服省级人民政府、国务院部门作出的行政复议决定进行救济的规定

国务院负责对省级政府和国务院部门作出行政复议决定的最终裁决。

4. 关于实行垂直领导的行政机关、税务和国家安全机关行政复议案件管辖的规定

这是考虑到我国行政管理领域的多样性和复杂性所作的例外规定,对实行垂直领导的行政机关、税务和国家安全机关作为被申请人的行政复议案件,由上一级主管部门管辖,而非本级人民政府。

5. 关于履行行政复议机构职责的地方人民政府司法行政部门行政复议案件的管辖规定

由于司法行政部门承担着行政复议机构的职责,故对履行行政复议机构职责的地方人民政府司法行政部门的行政行为不服的,申请人可以灵活选择管辖机关,既可以向本级人民政府申请行政复议,也可以向上一级司法行政部门申请行政复议。

(七) 行政复议调解

《行政复议法》第五条 行政复议机关办理行政复议案件,可以进行调解。

调解应当遵循合法、自愿的原则,不得损害国家利益、社会公共利益和他人合法权益,不得违反法律、法规的强制性规定。

第七十三条 当事人经调解达成协议的,行政复议机关应当制作

行政复议调解书,经各方当事人签字或者签章,并加盖行政复议机关印章,即具有法律效力。

调解未达成协议或者调解书生效前一方反悔的,行政复议机关应当依法审查或者及时作出行政复议决定。

第七十八条第三项　申请人、第三人逾期不起诉又不履行行政复议决定书、调解书的,或者不履行最终裁决的行政复议决定的,按照下列规定分别处理:

(三)行政复议调解书,由行政复议机关依法强制执行,或者申请人民法院强制执行。

关于行政复议能否进行调解,随着法治实践和理论研究的不断深入,经历了较为漫长的发展转变过程。1990年颁布的《行政复议条例》规定,行政复议机关审理行政复议案件,不适用调解。1999年颁布的《行政复议法》则未对行政复议能否调解作出明确规定。2007年《行政复议法实施条例》第五十条确立了有限调解原则,即对两类案件可以进行调解。2009年、2017年两次修正《行政复议法》,未从法律高度明确行政复议调解制度。从实践来看,行政复议调解在化解行政争议中承担了越来越重要的作用。近年来,通过行政复议调解结案的行政复议案件数逐年增多,而不与政府"对簿公堂",依法通过协商解决,这种更为柔和的处理方式也更容易让普通群众消除顾虑,更符合我国"和合"文化传统思想。新修订的《行政复议法》首次将行政复议调解制度写入法律,并对行政复议调解的原则、程序等内容进行明确。行政复议调解制度有以下几个特点:

1. 调解贯穿复议全过程

调解制度写入总则部分具有强烈的价值导向,同时使用了"办理"而不是"审理",也意味着并非行政复议受理之后才能进行调解,而是在行政复议全程都可以进行。

2. 调解的范围不再作限制

过去的调解限制在使用自由裁量权的行政行为和行政赔偿或行政补偿这两类情形，《行政复议法》未限制调解适用情形，意味着任何进入行政复议程序的案件在合法、自愿的前提下都可以进行调解，最终根据不同情况作出处理决定。

3. 强化行政复议调解的约束力

行政复议调解书具有强制约束力，当事人双方都应当依法履行，这是来自法律的刚性要求，对不履行行政复议调解书的可以依法强制执行，在很大程度上提升了行政复议调解的公信力。

三 热点问题聚焦

（一）新中国成立后行政复议制度的发展历程

早在20世纪初，我国就已出现行政复议制度的雏形——诉愿制度。1930年国民政府颁布《诉愿法》，但从留存的史料来看该法并未真正实施，作用也极其有限。新中国成立后，我国行政复议制度逐步建立完善，在争议化解、权力监督、权利救济中发挥了重要作用，从历史轨迹来看，其发展大致可以分为五个阶段。

1. 萌芽阶段（1950—1990年）

新中国成立初期，我国就在海关、财政、税收等领域建立了行政复议制度，后扩大到工商管理、公安执法等行政管理领域，名称也由最初的复核、申诉、诉愿逐渐统一为"行政复议"。最早在1949年的《中国人民政治协商会议共同纲领》中，新中国就有对国家机关及其工作人员的违法失职行为，公民可以向有关国家机关进行申诉、控告的规定。

1950年12月,中央人民政府政务院公布《税务复议委员会组织通则》,首次在立法中使用"复议"概念。从1950年到1990年,新中国共有100余部单行法律法规专门就行政复议作出规定,为开启行政复议的统一立法之路夯实了基础。但此时我国仍未形成统一的行政复议制度,一些雏形制度主要散落于各单行法中,内容上也仅在受案范围、复议管辖和复议程序等方面有所规定。

2. 确立阶段(1990—1999年)

1989年4月4日,《中华人民共和国行政诉讼法》颁布。为了适应和配合行政诉讼制度的实行,在制定《行政复议法》时机尚不成熟的前提下,1990年12月《行政复议条例》由国务院第七十一次常务会议通过,并于1991年1月1日起正式实施。这是新中国首次系统全面地确立行政复议制度,结束了行政复议分散立法的状况,标志着我国统一行政复议制度的建立。《行政复议条例》共十章五十七条,搭建了行政复议制度的基本框架,其中不少规定为后续行政复议制度的完善与改革奠定了基础。1994年10月,国务院对《行政复议条例》进行修订,就管辖规则作了调整,将以"条条管辖"为原则变更为"条块管辖"为原则,即以政府部门为被申请人案件的双重管辖规则,首次赋予人民政府对此类案件的普遍管辖权。该阶段,立法机关对行政复议的功能定位为监督权力、救济权利。

3. 上升为法律阶段(1999—2007年)

1999年4月29日,中华人民共和国第九届全国人民代表大会常务委员会第九次会议通过了《行政复议法》。这是新中国行政复议制度首次上升到立法高度,标志着我国行政复议制度发展到一个全新的阶段,也标志着我国解决行政争议的两大平行法律制度平台——行政复议制度与行政诉讼制度正式确立。与《行政复议条例》相比,1999年的《行政复议法》采取了"去司法化"的思路,强调行政复议作为行政系统内部层级监督的行政性特质,行政复议功能定位依然为监督权力和救济权利,但顺序发生变化,救济权利在监督权力之前。

4. 细化完善阶段(2007—2019 年)

2007 年 5 月 23 日,国务院颁布《行政复议法实施条例》,2007 年 8 月 1 日起实施。该条例加强了对行政相对人程序性权利的保护,并引入了听证审理等公开程序,确立行政复议制度"准司法化"的性质,并在功能定位中增加争议化解内容。2008 年起,国务院法制办公室开始在全国部署开展以相对集中复议权、设立行政复议委员会为主要内容的行政复议体制机制改革试点。2009 年 8 月 27 日,《行政复议法》第一次修正。2014 年,新修订的《中华人民共和国行政诉讼法》确立行政复议双被告制度,对行政复议工作的公信力和质量提出了更高要求。2017 年 9 月 1 日,《行政复议法》第二次修正。

5. 创新发展阶段(2019 年至今)

2020 年 2 月,中央全面依法治国委员会第三次会议审议通过了《行政复议体制改革方案》,提出要落实行政复议体制改革方案,优化行政复议资源配置。2021 年 1 月中共中央印发的《法治中国建设规划(2020—2025 年)》和 2021 年 8 月中共中央、国务院发布的《法治政府建设实施纲要(2021—2025 年)》,对推进行政复议体制改革、整合行政复议职责等提出明确要求。2023 年 9 月,《行政复议法》由第十四届全国人民代表大会常务委员会第五次会议修订通过,自 2024 年 1 月 1 日起实施。这是《行政复议法》施行以来第一次全面大修,标志着行政复议制度不再是行政诉讼制度的补充,而具有独立价值,并成为化解行政争议的主渠道,行政复议与行政诉讼在争议化解、权力监督、权利救济三大功能上各尽其职,共同构建我国"大复议、中诉讼、小信访"的行政争议多元化解格局。

(二)《行政复议法》修订的重要意义

《行政复议法》自1999年颁布施行,20多年来对防止和纠正违法或不当的行政行为,保护公民、法人和其他组织的合法权益,保障和监督行政机关依法行使职权发挥了重要作用。随着经济社会的发展,站在新的历史时期,回应时代诉求,对《行政复议法》进行全面修改完善,构建更为公正权威高效的中国特色社会主义行政复议制度,意义重大。

1. 修订《行政复议法》是全面贯彻落实习近平法治思想的生动实践

党的十八大以来,党中央高度重视行政复议工作,习近平总书记更是多次对行政复议工作作出重要指示。修订《行政复议法》,将习近平总书记关于行政复议工作的重要指示和党中央关于行政复议的重大决策部署充分体现到立法目的、主要原则和具体规定中,通过法定程序将"党言党语"转化为"法言法语",是贯彻落实习近平法治思想的生动实践,也是行政复议制度"中国方案"的不断发展与完善。

2. 修订《行政复议法》是推进全面依法治国特别是加快建设法治政府的迫切需要

党的二十大报告对"坚持全面依法治国,推进法治中国建设"作出专章部署。修订《行政复议法》,积极适应推进全面依法治国的新要求,进一步明确行政复议在推进法治国家、法治政府、法治社会一体建设中的职责任务,在立法目的中新增"推进法治政府建设"的内容,扩大受案范围,健全监督体制机制,完善办案监督纠错的程序,强化行政复议监督依法行政的功能作用,必将有力推动新时代法治政府建设迈上新台阶、全面依法治国取得新成效。

3. 修订《行政复议法》是践行以人民为中心的发展思想的必然要求

行政复议是维护人民群众合法权益的重要渠道,是各级政府服务人民群众的重要"窗口",是密切党同人民群众血肉联系的桥梁纽带。修订《行政复议法》,解决行政复议在服务人民群众方面的突出问题,强化行政复议吸纳行政争议的能力,畅通申请渠道,规范审理流程,优化决定体系,从而充分发挥行政复议公正高效、便民为民的制度优势,让人民群众的急难愁盼问题在行政复议程序中得到有效解决,切实提升人民群众的法治获得感、幸福感、安全感,进而赢得人民群众的信赖和支持,不断厚植党的执政根基。

4. 修订《行政复议法》是完善中国特色社会主义法治体系、提升社会治理法治化水平的重要环节

创新社会矛盾纠纷多元预防调处化解综合机制,是推进国家治理体系和治理能力现代化的必然要求。修订《行政复议法》,把实质性化解、促进诉源治理摆在更加重要的位置,注重发挥行政复议制度优势,强化调解、和解、听证、听取意见等方式在办理行政复议案件中的运用,提升行政复议解决行政争议的能力,并与行政诉讼、行政裁决、行政调解等手段有机衔接,对于创新完善多元纠纷预防调处机制,提升社会治理法治化水平都具有重要的意义。

(三)《行政复议法》修订的主要内容和新的变化

《行政复议法》这次修订改动幅度大、覆盖内容广、涉及条款多,在行政复议申请、管辖、受理、审理、决定、监督等各方面都作了优化完善,是对行政复议制度的全面重塑。在篇幅上,条文数量从原法的四十三条增加到九十条;在结构上,按照行政复议工作流程的先后顺序作了调整,逻辑更加清晰,结构更加合理;在涉及条款上,原法中未作

任何修改的只有一条,其他条款均作了相应修改。具体来说,修订的主要内容和新的变化有以下四个方面:

1. 完善行政复议有效吸纳行政争议的制度机制

新修订的《行政复议法》以打造化解行政争议的主渠道为导向,通过制度的有效扩容,切实增强行政复议吸纳行政争议的能力。一是在立法目的中新增"发挥行政复议化解行政争议的主渠道作用,推进法治政府建设",明确行政复议制度的功能定位。二是扩大行政复议受案范围。立足于充分发挥行政复议吸纳行政争议作用,扩大了行政复议受理范围,将五类案件第一次明确纳入行政复议受案范围:行政协议类案件、行政赔偿类案件、行政机关滥用行政权力限制和排除竞争类案件、政府信息公开类案件、工伤认定类案件。三是扩大行政复议前置范围。将对当场作出的行政处罚决定不服的、对行政不作为不服的、对政府信息不予公开答复不服的三种情形纳入行政复议前置范围,同时规定行政机关对这类争议应当依法告知当事人先申请复议。四是优化行政复议管辖体制。落实中央改革行政复议体制的决策部署,整合地方行政复议职责,改变过去"多头管辖"的体制,实现行政复议"一口对外",方便人民群众找准行政复议机关,大体形成了"条块结合,以块为主"的管辖体制,即除垂直领导等特殊情形外,申请人对县级以上地方各级人民政府工作部门及其派出机构、授权组织等作出的行政行为不服的,原则上统一向本级人民政府申请行政复议。五是增加申请复议便民为民新举措。为方便人民群众及时通过行政复议解决行政争议,几乎在行政复议各个阶段都增设了便民举措,主要包括:新增信息化建设要求,要求行政复议机关应当加强运用现代信息技术,方便公民、法人或者其他组织申请、参加行政复议;完善了申请递交方式,新增规定行政机关通过互联网渠道送达行政行为决定书的,应当同时提供提交行政复议申请书的互联网渠道;对行政复议前置有关情形,新增告知义务;创新规定申请递交机制,对当场作出或依据电子技术监控设备记录的违法事实作出的行政处罚决定不服的,还可以通过作出行政处罚决定的行政机关提交行政复议申请;新增规定一次性告知补正制度,申请人提供的申请材料不齐全或者表述不清楚的,行政复议机关要一次性告知申请人需要补正的事项,不能直接决定不予受理;完善代表代理机制;新增法律援助规定;等等。

2. 完善行政复议实质性化解行政争议制度机制

新修订的《行政复议法》以实质性化解行政争议为导向,在行政复议办理、决定等主要环节,作出不少提升行政复议化解争议效能的新规定。一是强化行政复议调解。新修订的《行政复议法》突破了《中华人民共和国行政诉讼法》《行政复议法实施条例》关于例外情形下适用调解、和解的规定,将调解制度写入总则部分,作为办理行政复议案件的工作原则,并新增调解书法律效力的规定。同时,在《行政复议法实施条例》的基础上,细化当事人自行和解规则和处理程序。二是规定行政执法机关先行化解。对当场作出的行政处罚决定,或者依据电子技术监控设备记录的违法事实作出的行政处罚决定不服申请行政复议的,新增可以通过作出行政处罚决定的行政机关提交行政复议申请,由行政机关先行处理的规定,有助于行政争议提早化解在"前端"。三是完善并强化变更决定的运用。调整行政复议决定的排列顺序,把变更放在复议决定种类之首,同时增加变更决定的适用情形,强调对于案件事实不清、证据不足的,可以通过行政复议机关在复议审理程序中调查取证,查明有关事实而直接作出认定决定,无须被申请人重新作出行政行为,有助于提高纠纷处理效率,防止程序空转,及时化解矛盾,做到"案结事了人和"。

3. 完善行政复议监督依法行政制度机制

新修订的《行政复议法》以强化行政复议监督依法行政为导向,规定了一系列加强行政复议个案监督和类案监督的新机制新举措。一是在立法目的中凸显行政复议的监督功能。在立法目的条款中,将

"保障和监督行政机关依法行使职权"中的"保障和监督"调整为"监督和保障",并将"推进法治政府建设"首次列入立法目的。二是健全以纠错为主的行政复议决定体系。优化行政复议决定的排列顺序,将所有的纠错决定都调整到维持决定前面,强调行政复议纠错功能的运用;增加确认无效、责令履行行政协议等新的纠错决定类型;明确各类纠错决定各自的适用情形,统一审理标准,增强纠错的精准性、针对性、实效性。三是加强行政复议对规范性文件的附带审查。理顺附带审查的程序,明确规范性文件制定机关的配合义务,细化附带审查的处理结果,增强附带审查制度的可操作性。四是增设行政复议意见书制度规定。明确行政复议意见书是和行政复议决定书具有同等效力的法律文书,具有强制执行力,不及时履行要承担相应法律责任。五是建立行政复议决定书、意见书抄告制度。明确规定政府工作部门为被申请人的行政复议案件,作为行政复议机关的人民政府应当将发生法律效力的行政复议决定书、意见书同时抄告被申请人的上一级主管部门。

4.完善行政复议审理机制

新修订的《行政复议法》以提升行政复议公信力为导向,对行政复议审理机制进行了全流程改造,确保行政复议案件办理质效,让人民群众在每一起行政复议案件中感受到公平正义。一是实行"繁简分流"。审理程序上区分案件情形分别适用普通程序和简易程序,可以适用简易程序的"4+1"种情形为:当场作出的行为、警告或通报批评的行为、涉案金额三千元以下的、政府信息公开案件以及当事人各方同意适用的。二是变革审理方式。打破过去行政复议"原则上采取书面审查的办法",规定适用普通程序审理的必须听取当事人意见,并将听取的意见记录在案,有效保障当事人的知情权和陈述申辩权利,提升办案质效。三是创新设立行政复议委员会制度。行政复议委员会是一项制度创新,主要有两项功能:咨询功能,为办理法定类型的案件提供咨询意见;指导功能,研究行政复议工作中的重大事项和共性问题。四是建立健全证据规则。在审理一章专设"行政复议证据"一节,对证据种类、举证责任、行政复议机关调查取证、申请人阅卷权等作了比较全面的规定,构建了科学完备的行政复议证据规则。五是完善听证制度。区分"应当听证"和"可以听证"两类情形:对于重大、疑难、复杂案件的审理,强制性要求行政复议机构组织听证;行政复议机构认为有必要听证,或者申请人请求听证的,可以组织听证。同时,对听证的组织、被申请人负责人参加听证、申请人拒不参加听证的法律后果以及听证笔录的运用也作了明确规定。

第三章
中华人民共和国粮食安全保障法

（法律条文）

（自测题）

《中华人民共和国粮食安全保障法》(以下简称《粮食安全保障法》)是我国首部保障粮食安全的单行法律,共分为十一章七十四条,于2023年12月29日经第十四届全国人民代表大会常务委员会第七次会议通过,自2024年6月1日起施行。粮食安全是"国之大者",是国家安全的重要基础,是民生问题的核心,是社会平稳运行的"压舱石"。《粮食安全保障法》的颁布实施,为保障国家粮食安全提供了法律层面的支持,进一步夯实了我国粮食安全基础。

一 典型案例分析

（一）某粮油收储公司未按规定进行质量检验案

【基本案情】

2023年7月,G市农业农村局收到问题线索,"G市某粮油收储公司某粮管所某仓2022年产新入库县储粮,黄粒米含量超标,判定为质量不达标"。经市农业农村局实地调查,该收储公司下属数个粮管所共10余个仓房,在2022年开展政策性稻谷收购期间,未按照国家收购要求和技术规范的规定对收购的稻谷进行质量安全检验,不能提供与该收购批次稻谷检验相关原始凭证和相关记录,涉及收购稻谷合计1万余吨。

【案件结果】

上述行为违反了《粮食安全保障法》第三十一条第二款、第六十七条第一款第三项和《粮食流通管理条例》第十一条第二款之规定。依据《粮食流通管理条例》第四十五条第四项之规定,结合该收储公司经申请复检上述涉案粮食复检指标均合格,且进行了提前轮换、主动减轻违法行为危害后果的事实,同时依据《行政处罚法》第三十二条第一项之规定,参照《规范农业行政处罚自由裁量权办法》有关规定,市农业农村局给予该公司警告并处罚款20万元的行政处罚。对涉案相关责任人刘某某、王某某、谢某某,依据《粮食流通管理条例》第五十一条之规定,并综合考量本案具体情况,市农业农村局分别给予上述责任人1827.5元、2177.5元和1827.5元罚款的行政处罚。

【案件评析】

《粮食安全保障法》第三十一条第二款　承储政府粮食储备的企业或者其他组织应当执行储备粮食质量安全检验监测制度,保证政府粮食储备符合规定的质量安全标准、达到规定的质量等级。

第六十七条第一款第三项　违反本法规定,承储政府粮食储备的企业或者其他组织有下列行为之一的,依照有关行政法规的规定处罚:

(三)未按照规定保障政府粮食储备数量、质量安全。

《粮食流通管理条例》第十一条第二款　粮食收购者收购粮食,应当按照国家有关规定进行质量安全检验,确保粮食质量安全。对不符合食品安全标准的粮食,应当作为非食用用途单独储存。

第四十五条第四项　有下列情形之一的,由粮食和储备行政管理部门责令改正,给予警告,可以并处20万元以下罚款;情节严重的,并处20万元以上50万元以下罚款:

(四)粮食收购者收购粮食,未按照国家有关规定进行质量安全检验,或者对不符合食品安全标准的粮食未作为非食用用途单独储存;

为进一步加大对危害粮食质量安全行为的打击力度,切实起到惩戒警示震慑作用,《粮食安全保障法》规定了政府储备粮执行质量安全检验监测制度,并对未按照保障政府粮食储备数量和质量安全的行为予以处罚,确保政府储备粮符合质量安全标准、达到规定的质量安全等级。本案发生时,《粮食安全保障法》尚未颁布,但已颁布实施的《粮食流通管理条例》对保障粮食质量安全作出了规定:企业需对收购粮食按规定进行质量检验;对未按规定对收购粮食进行质量检验的行为,可以进行处罚。

(二)曾某某非法占用永久基本农田挖塘养鱼案

【基本案情】

2021年10月,曾某某未经批准擅自在B县A村非法占用永久基本农田挖塘养鱼。县自然资源局于2022年4月24日对曾某某下发《责令停止违法行为通知书》,同时委托司法鉴定机构对耕地破坏程度进行鉴定。根据出具的《司法鉴定意见书》,曾某某未经批准擅自在A村占用耕地8.84亩(含永久基本农田8.77亩)挖塘养鱼,造成耕地的严重破坏。

县自然资源局于2022年4月26日进行立案调查,因该行为涉嫌非法占用农用地罪,同年5月,县自然资源局将该案依法移送县公安局侦查。

【案件结果】

县人民法院依据《中华人民共和国刑法》第三百四十二条、第六十七条第三款、第七十二条第一款和第七十三条第二、三款,《最高人民法院关于审理破坏土地资源刑事案件具体应用法律若干问题的解释》(以下简称《土地资源刑事案件解释》)第三条第(一)、(二)项,《中华人民共和国刑事诉讼法》第二百零一条,对本案作出判决:被告人曾某某犯非法占用农用地罪,判处有期徒刑八个月,缓刑一年,并处罚金15000元。目前,被破坏的8.84亩耕地已恢复耕地种植条件。

【案件评析】

《粮食安全保障法》第十二条 国家严格控制耕地转为林地、草地、园地等其他农用地。禁止违规占用耕地绿化造林、挖湖造景等行为。禁止在国家批准的退耕还林还草计划外擅自扩大退耕范围。

第七十一条 违反有关土地管理、耕地保护、种子、农产品质量安全、食品安全、反食品浪费、安全生产等法律、行政法规的,依照相关法律、行政法规的规定处理、处罚。

2000年6月22日施行的《最高人民法院关于审理破坏土地资源刑事案件具体应用法律若干问题的解释》第三条明确规定,非法占用耕地"数量较大",是指非法占用基本农田五亩以上或者非法占用基本农田以外的耕地十亩以上;非法占用耕地"造成耕地大量毁坏",是指行为人非法占用耕地建窑、建坟、建房、挖沙、采石、采矿、取土、堆放固体废弃物或者进行其他非农业建设,造成基本农田五亩以上或者非法占用基本农田以外的耕地十亩以上种植条件严重毁坏或者严重污染。本案中,曾某某占用耕地8.84亩(含永久基本农田8.77亩)挖塘养鱼,超过法律规定的"基本农田五亩以上",满足"数量较大"的标准;非法占用耕地进行养鱼等非农业建设,造成基本农田五亩以上的严重毁坏,满足了"造成耕地大量毁坏"的标准。曾某某的行为已构成犯罪,自然资源主管部门依法将案件移送司法机关追究其刑事责任。此类案件的"非法占用耕地改作他用,数量较大"的情形,在"非法占用农用地罪"中最为常见,这种情形的犯罪行为人及时受到刑事追究,对提高打击土地犯罪的力度、保护土地资源具有深远意义。

为保护耕地资源,防止其遭受人为破坏,《粮食安全保障法》明确规定国家严格控制耕地转为其他农用地,任何单位、个人禁止违规占用耕地造林、挖湖等行为,不得在批准的退耕还林还草计划外擅自扩大退耕范围。本案中,曾某某未经批准擅自非法占用永久基本农田挖塘养鱼是典型的违规占用耕地行为,该行为违反了《粮食安全保障法》第十二条的规定。根据《粮食安全保障法》第七十一条,曾某某满足《土地资源刑事案件解释》第三条的相关标准,构成犯罪,应当依照

《中华人民共和国刑法》相关规定承担刑事责任。

(三)某米业公司粮食经营台账建立不规范案

【基本案情】

2023年5月,N县发改委对收到的"N县某米业公司在承担省级储备粮代储业务期间,未按规定建立粮食经营台账"问题线索进行立案调查。经实地调查,该米业公司在2019年至2023年5月代储省级动态储备粮期间,未按规定建立粮食经营台账,涉及粮食3437.9吨。

【案件结果】

上述行为违反了《粮食安全保障法》第三十七条和《粮食流通管理条例》第二十三条第一款之规定。依据《粮食流通管理条例》第四十五条第五项之规定,参照自由裁量权执行标准有关规定,县发改委给予该公司警告并处罚款5万元的行政处罚。

【案件评析】

《粮食安全保障法》第三十七条 从事粮食收购、储存、加工、销售的经营者以及饲料、工业用粮企业,应当按照规定建立粮食经营台账,并向所在地的县级人民政府粮食和储备主管部门报送粮食购进、储存、销售等基本数据和有关情况。

第六十七条 违反本法规定,承储政府粮食储备的企业或者其他组织有下列行为之一的,依照有关行政法规的规定处罚:

(一)拒不执行或者违反政府粮食储备的收购、销售、轮换、动用等规定;

(二)未对政府粮食储备的收购、销售、轮换、动用等进行全过程记录；

(三)未按照规定保障政府粮食储备数量、质量安全。

从事粮食收购、储存、加工、销售的经营者以及饲料、工业用粮企业未按照规定建立粮食经营台账,或者报送粮食基本数据和有关情况的,依照前款规定处罚。

《粮食流通管理条例》第四十五条第五项 有下列情形之一的,由粮食和储备行政管理部门责令改正,给予警告,可以并处20万元以下罚款;情节严重的,并处20万元以上50万元以下罚款:

(五)从事粮食收购、销售、储存、加工的粮食经营者以及饲料、工业用粮企业未建立粮食经营台账,或者未按照规定报送粮食基本数据和有关情况;

各类粮食经营者包括饲料、工业用粮企业均应根据开展粮食相关经营实际建立粮食经营台账。统计工作事关国计民生,对粮食商品流通情况进行统计是粮食行政管理部门开展的一项重要的基础性工作。而粮食经营者建立完备的粮食经营台账,保证粮食经营台账数据的准确性,按规定保存粮食经营台账,是做好粮食流通统计的基础。

本案中,该米业公司参与承担的省级动态储备粮代储业务,涉及省级政策性粮食,其重要意义不言而喻。其未按规定建立粮食经营台账的行为,给粮食流通统计工作造成了困难,且涉及粮食数量较大,应予以严肃惩戒。

（四）某粮管所未按储存规范要求对入库粮油进行管理案

【基本案情】

2023年1月，Y县农业农村局对收到的"Y县某粮管所存在县级储备粮与自营粮混仓存放"问题线索进行立案调查。经实地调查，该粮管所将2020年11月和2021年11月收购的共计115.381吨自营商品粮，分别与储存于所内两个仓房的共计1370.479吨县级储备粮进行混仓存放。

【案件结果】

上述行为违反了《粮食安全保障法》第三十条、三十一条，《粮油仓储管理办法》第十八条和《政府储备粮食质量安全管理办法》第九条之规定。依据《粮油仓储管理办法》第三十一条之规定，参照自由裁量权执行标准有关规定，县农业农村局给予该粮管所警告并处罚款1486元的行政处罚。

【案件评析】

《粮食安全保障法》第三十条　承储政府粮食储备的企业或者其他组织应当遵守法律法规和国家有关规定，实行储备与商业性经营业务分开，建立健全内部管理制度，落实安全生产责任和消防安全责任，对承储粮食数量、质量负责，实施粮食安全风险事项报告制度，确保政府粮食储备安全。

承储中央政府粮食储备和省级地方政府粮食储备的企业应当剥离商业性经营业务。

政府粮食储备的收购、销售、轮换、动用等应当进行全过程记录，实现政府粮食储备信息实时采集、处理、传输、共享，确保可查询、可追溯。

第三十一条　承储政府粮食储备的企业或者其他组织应当保证政府粮食储备账实相符、账账相符，实行专仓储存、专人保管、专账记载，不得虚报、瞒报政府粮食储备数量、质量、品种。

承储政府粮食储备的企业或者其他组织应当执行储备粮食质量安全检验监测制度，保证政府粮食储备符合规定的质量安全标准、达到规定的质量等级。

《粮油仓储管理办法》第十八条　粮油仓储单位应当按照仓房(油罐)的设计容量和要求储存粮油，执行《粮油储藏技术规范》等技术标准，建立粮油仓储管理过程记录文件。

第三十一条　粮油仓储单位违反本办法有关粮油出入库、储存等管理规定的，由所在地粮食行政管理部门责令改正，给予警告；情节严重的，可以并处3万元以下罚款；造成粮油储存事故或者安全生产事故的，按照有关法律法规和国家有关规定给予处罚。

《政府储备粮食质量安全管理办法》第九条　承储单位应对验收合格确认为政府储备的粮食，实行专仓储存、专人保管，不得将品种、生产年份、等级和粮权不同的粮食混存。严禁虚报、瞒报政府储备质量、品种。按要求严格储粮化学药剂的使用和管理。

为确保政府储备粮的安全，规范政府储备粮的日常管理，《粮食安全保障法》明确规定，承储政府储备粮的企业应当实行储备与商业性经营分开，承储的政府储备粮实行专仓储存。不同粮食归属权、性质、品种的政府储备粮按照《粮油仓储管理办法》《政府储备粮食质量安全管理办法》的规定，必须专仓专储，不得混存。

从开展粮食储备工作实际来看，不同粮权、性质、品种的粮食如混合储存在同一个仓房,会造成粮食不易区分、界限不明等问题,从而增加管理难度。本案中,该粮管所将自营商品粮与政府储备粮混仓存放行为,增加了政府储备粮的安全隐患,易引发其他违法违规行为,应予以惩戒。

(五)某米业公司侵犯水稻植物新品种权案

【基本案情】

A 市农业农村局接 B 市某种业公司举报,A 市某米业公司销售的"美香占"水稻种子涉嫌侵犯其所享有的"美香占 2 号"品种权。经市农业农村局执法人员实地核查并依法抽样送检,该公司销售的水稻种子与"美香占 2 号"属相同或极近似品种。经立案查明,当事人未经品种权人授权,非法生产销售"美香占"水稻种子。至案发时,当事人生产种子 9005 千克,货值金额 6.3 万元。

【案件结果】

依据《中华人民共和国种子法》(以下简称《种子法》)第七十二条第六款之规定,市农业农村局责令当事人停止侵权行为,作出没收非法生产的水稻种子,并处罚款 37.82 万元的行政处罚。

【案件评析】

《粮食安全保障法》第十八条　国家推进种业振兴,维护种业安全,推动种业高质量发展。

国家加强粮食作物种质资源保护开发利用,建设国家农业种质资源库,健全国家良种繁育体系,推进粮食作物种质资源保护与管理信息化建设,提升供种保障能力。

国家加强植物新品种权保护,支持育种基础性、前沿性研究和应用技术研究,鼓励粮食作物种子科技创新和产业化应用,支持开展育种联合攻关,培育具有自主知识产权的优良品种。

《种子法》第七十二条第六款　县级以上人民政府农业农村、林业草原主管部门处理侵犯植物新品种权案件时,为了维护社会公共利益,责令侵权人停止侵权行为,没收违法所得和种子;货值金额不足五万元的,并处一万元以上二十五万元以下罚款;货值金额五万元以上的,并处货值金额五倍以上十倍以下罚款。

植物新品种权所有人对其授权品种享有排他的独占权。植物新品种权所有人可以将植物新品种权许可他人实施使用,并按照合同约定收取许可使用费,许可使用费可以采取固定价款、从推广收益中提成等方式收取。

《粮食安全保障法》明确植物新品种权是种业领域最重要的知识产权,是对育种成果的确权和保护,能够有效激发企业和科研人员的创新意识,研发更多的优质品种,推动种业强国建设。本案中,当事人未经品种权人授权,非法生产销售"美香占"水稻种子,严重侵害了品种权人利益。根据《种子法》第七十二条第六款规定,市农业农村局处理侵犯植物新品种权案件时,为了维护社会公共利益,责令侵权人停止侵权行为,作出没收非法生产的水稻种子,并处罚款37.82万元的行政处罚。该案的办理有力地维护了植物新品种权人的合法权益,规范了种子市场秩序,引导企业遵守法律法规,通过自主创新提升竞争力,真正实现种业科技自立自强、种源自主可控。

（六）政府及相关部门未立案查处违法占用耕地案

【基本案情】

赵某等人系某省 C 市经济技术开发区 D 村村民,未经批准擅自占用 257.61 亩土地(其中耕地 144.55 亩,含永久基本农田 102.71 亩)建设 18 处住宅附带养殖功能庭院。市经济技术开发区管委会、区政府以及相关部门均认为该案件不在本行政辖区内,相互推诿扯皮,未对该项目违法占地问题立案查处,土地执法职责履行不到位。

【案件结果】

市政府对 15 处违法住宅进行了拆除清理,为 3 处实际为养殖用途的设施办理了设施农业用地备案手续。市经济技术开发区管委会 1 名责任人、市自然资源局 2 名责任人分别被给予党内严重警告处分和诫勉谈话处理。

【案件评析】

《土地管理法》第七十七条第一款　未经批准或者采取欺骗手段骗取批准,非法占用土地的,由县级以上人民政府自然资源主管部门责令退还非法占用的土地,对违反土地利用总体规划擅自将农用地改为建设用地的,限期拆除在非法占用的土地上新建的建筑物和其他设施,恢复土地原状,对符合土地利用总体规划的,没收在非法占用的土地上新建的建筑物和其他设施,可以并处罚款;对非法占用土地单位的直接负责的主管人员和其他直接责任人员,依法给予处分;构成犯罪的,依法追究刑事责任。

《粮食安全保障法》第十条第二款　国务院确定省、自治区、直辖市

人民政府耕地和永久基本农田保护任务。县级以上地方人民政府应当确保本行政区域内耕地和永久基本农田总量不减少、质量有提高。

《违反土地管理规定行为处分办法》第十条 未经批准或者采取欺骗手段骗取批准,非法占用土地的,对有关责任人员,给予警告、记过或者记大过处分;情节较重的,给予降级或者撤职处分;情节严重的,给予开除处分。

本案中,地方政府及相关部门因行政管辖权问题推诿扯皮,耕地保护监管不力、管理职责落实不到位。自然资源部近几年公开通报的耕地保护督察发现的违法违规重大典型问题,均反映出部分有关地方政府及主管部门领导干部耕地保护意识不强,执法监管职责履行不到位,造成违法违规占用耕地事件发生。《中共中央 国务院关于做好2022年全面推进乡村振兴重点工作的意见》明确释放"实行耕地保护党政同责"的政策信号,提出"由中央和地方签订耕地保护目标责任书,作为刚性指标实行严格考核、一票否决、终身追责"。2022年3月,习近平总书记进一步明确:要采取"长牙齿"的硬措施,全面压实各级地方党委和政府耕地保护责任,中央要和各地签订耕地保护"军令状",严格考核、终身追责,确保18亿亩耕地实至名归。《粮食安全保障法》明确提出实行粮食安全党政同责,县级以上地方人民政府为辖区内耕地和永久基本农田保护的责任主体。因此,各地应按照党中央关于耕地保护的重大决策部署,全面落实耕地保护党政同责,各级党委政府认真履行耕地保护主体责任,自然资源主管部门采取"长牙齿"的硬措施,会同有关部门严肃查处、严厉打击非法占用农用地违法犯罪行为。各级纪检监察机关必须充分发挥职能作用,强化政治监督,做实日常监督,督促地方党委、政府和职能部门认真履职尽责,严肃查处耕地保护中存在的监管不力、失职渎职、不作为、乱作为、慢作为等问题,严肃追究责任。

二 重点知识解读

(一)进一步提高耕地保护的目标要求

《粮食安全保障法》第十条第二款　国务院确定省、自治区、直辖市人民政府耕地和永久基本农田保护任务。县级以上地方人民政府应当确保本行政区域内耕地和永久基本农田总量不减少、质量有提高。

民以食为天,粮以地为本,保障国家粮食安全的根本在耕地。习近平总书记始终高度重视耕地保护和耕地质量提升,不断强调"严防死守18亿亩耕地红线",为夯实大国粮仓"耕基"提供根本遵循。《中华人民共和国土地管理法》(以下简称《土地管理法》)第三十二条规定,"省、自治区、直辖市人民政府应当严格执行土地利用总体规划和土地利用年度计划,采取措施,确保本行政区域内耕地总量不减少、质量不降低"。《土地管理法实施条例》第十三条规定,"省、自治区、直辖市人民政府对本行政区域耕地保护负总责,其主要负责人是本行政区域耕地保护的第一责任人。省、自治区、直辖市人民政府应当将国务院确定的耕地保有量和永久基本农田保护任务分解下达,落实到具体地块"。《粮食安全保障法》在此基础上进一步明确两点内容:一是明确县级以上人民政府为耕地保护的责任主体。二是进一步提高耕地保护的目标要求。在《土地管理法》第三十二条确保"耕地总量不减少、质量不降低"的基础上,进一步提高要求为"确保本辖区内耕地和永久基本农田总量不减少、质量有提高",充分体现了耕地增"量"与提"质"并重。

(二)明确耕地保护补偿制度、占用耕地补偿制度、耕地质量保护制度"三项制度"相关要求

《粮食安全保障法》第十条第三款　国家建立耕地保护补偿制度,调动耕地保护责任主体保护耕地的积极性。

第十一条　国家实行占用耕地补偿制度,严格控制各类占用耕地行为;确需占用耕地的,应当依法落实补充耕地责任,补充与所占用耕地数量相等、质量相当的耕地。

省、自治区、直辖市人民政府应当组织本级人民政府自然资源主管部门、农业农村主管部门对补充耕地的数量进行认定、对补充耕地的质量进行验收,并加强耕地质量跟踪评价。

第十四条　国家建立严格的耕地质量保护制度,加强高标准农田建设,按照量质并重、系统推进、永续利用的要求,坚持政府主导与社会参与、统筹规划与分步实施、用养结合与建管并重的原则,健全完善多元投入保障机制,提高建设标准和质量。

《土地管理法实施条例》第十二条规定,建立耕地保护补偿制度。中共中央办公厅、国务院办公厅印发的《关于深化生态保护补偿制度改革的意见》要求完善耕地保护补偿机制。健全完善耕地保护补偿制度内容,构建耕地保护的正向激励机制,对于发挥地方政府和市场主体保护耕地的积极性至关重要。为此,《粮食安全保障法》进一步强调国家建立耕地保护补偿制度,调动耕地保护责任主体保护耕地的积极性。

2021年11月27日,自然资源部、农业农村部、国家林业和草原局印发《关于严格耕地用途管制有关问题的通知》,首次提出耕地"进出平衡"的概念,对一般耕地转为林地、草地、园地等其他农用地的,要实

行耕地"进出平衡",从某种意义上看,这既是对耕地"占补平衡"制度的拓展和补充,也是对国土空间用途管制制度的细化、深化和强化。从耕地"占补平衡"到"进出平衡",实际上是从管控建设占用和管控农地互转的不同角度,共同织密织牢了耕地保护网。

《土地管理法》第三十条规定,国家实行占用耕地补偿制度。非农业建设经批准占用耕地的,按照"占多少,垦多少"的原则,由占用耕地的单位负责开垦与所占用耕地的数量和质量相当的耕地。《粮食安全保障法》第十一条规定,"国家实行占用耕地补偿制度,严格控制各类占用耕地行为;确需占用耕地的,应当依法落实补充耕地责任,补充与所占用耕地数量相等、质量相当的耕地"。这是将以往的非农建设占用耕地落实"占补平衡"扩展到各类占用耕地均要落实耕地"占补平衡",将以往的耕地"占补平衡"和"进出平衡"合并,即由"小占补"变为"大占补",耕地保护范围实现统一。这是关于耕地占补制度的最新法律制度安排。

《粮食安全保障法》还强调需要对补充耕地的数量进行认定、对补充耕地的质量进行验收,并加强耕地质量跟踪评价。建立耕地质量保护制度,加强高标准农田建设,健全完善多元投入保障机制,提高建设标准和质量。

(三)在法律层面明确耕地用途管控

《粮食安全保障法》第十条第一款　国家实施国土空间规划下的国土空间用途管制,统筹布局农业、生态、城镇等功能空间,划定落实耕地和永久基本农田保护红线、生态保护红线和城镇开发边界,严格保护耕地。

第十二条　国家严格控制耕地转为林地、草地、园地等其他农用地。禁止违规占用耕地绿化造林、挖湖造景等行为。禁止在国家批准的退耕还林还草计划外擅自扩大退耕范围。

《土地管理法》第十八条规定,国家建立国土空间规划体系。编制国土空间规划应当坚持生态优先,绿色、可持续发展,科学有序统筹安排生态、农业、城镇等功能空间,优化国土空间结构和布局,提升国土空间开发、保护的质量和效率。《土地管理法实施条例》第三条规定,国土空间规划应当细化落实国家发展规划提出的国土空间开发保护要求,统筹布局农业、生态、城镇等功能空间,划定落实永久基本农田、生态保护红线和城镇开发边界。这是首次将国土空间规划的"三区三线"写入行政法规,既是贯彻落实党中央关于建设生态文明的重大举措,也是对《土地管理法》关于国土空间规划的重大补充。

《粮食安全保障法》强调,要在国土空间规划中划定落实耕地和永久基本农田保护红线、生态保护红线和城镇开发边界,进一步彰显了耕地保护的重要性。同时,将《关于严格耕地用途管制有关问题的通知》中首次提出的"严格控制耕地转为林地、草地、园地等其他农用地"上升为法律依据,进一步强调了"禁止违规占用耕地绿化造林、挖湖造景等行为""禁止在国家批准的退耕还林还草计划外擅自扩大退耕范围"。

(四)明确耕地种植用途管控责任主体及职责

《粮食安全保障法》第十三条 耕地应当主要用于粮食和棉、油、糖、蔬菜等农产品及饲草饲料生产。县级以上地方人民政府应当根据粮食和重要农产品保供目标任务,加强耕地种植用途管控,落实耕地利用优先序,调整优化种植结构。具体办法由国务院农业农村主管部门制定。

县级以上地方人民政府农业农村主管部门应当加强耕地种植用

途管控日常监督。村民委员会、农村集体经济组织发现违反耕地种植用途管控要求行为的,应当及时向乡镇人民政府或者县级人民政府农业农村主管部门报告。

第十五条第一款　县级以上人民政府应当建立耕地质量和种植用途监测网络,开展耕地质量调查和监测评价,采取土壤改良、地力培肥、治理修复等措施,提高中低产田产能,治理退化耕地,加强大中型灌区建设与改造,提升耕地质量。

《土地管理法实施条例》第十二条第三款规定,耕地应当优先用于粮食和棉、油、糖、蔬菜等农产品生产。《国务院办公厅关于防止耕地"非粮化"稳定粮食生产的意见》文件中明确一般耕地应主要用于粮食和棉、油、糖、蔬菜等农产品及饲草饲料生产。《粮食安全保障法》首次在法律层面明确了耕地种植用途:"耕地应当主要用于粮食和棉、油、糖、蔬菜等农产品及饲草饲料生产。"较《土地管理法实施条例》增加了"饲草饲料生产",并且明确县级以上地方人民政府是耕地种植用途管控的责任主体,要加强耕地种植用途管控,还应当建立耕地质量和种植用途监测网络。明确农业农村主管部门负责耕地种植用途管控的日常监督。

(五)加强对撂荒地、盐碱地的利用与治理

《粮食安全保障法》第十六条　县级以上地方人民政府应当因地制宜、分类推进撂荒地治理,采取措施引导复耕。家庭承包的发包方可以依法通过组织代耕代种等形式将撂荒地用于农业生产。

《土地管理法》第三十八条规定,禁止任何单位和个人闲置、荒芜耕地。耕地撂荒不仅造成粮食生产面积的减少,还会对粮食生产环境

造成一定的负面影响。土地流转机制不够健全、农民权益未得到充分保障是导致土地撂荒的重要原因。近年来，中央及各级地方政府陆续出台相关政策，加强对耕地撂荒问题的整治。2021年1月20日，农业农村部发布《关于统筹利用撂荒地促进农业生产发展的指导意见》，提出开展所辖区域耕地撂荒基本情况调查，逐村逐户摸清底数，建立信息台账，制定统筹利用撂荒地具体方案；明确探索土地承包权退出机制，对长期无力耕种或因举家外迁造成撂荒的农户，在充分尊重个人意愿和合理经济补偿基础上，鼓励自愿退出承包权；加强土地经营权流转管理，土地经营权受让方应依法合理利用土地，不得闲置撂荒，指导流转双方将防止耕地撂荒要求纳入流转合同内容，强化约束监督，对撂荒连续两年以上的，承包方在合理期限内不解除土地经营权流转合同的，发包方有权要求终止土地经营权流转合同。

《粮食安全保障法》在充分总结实践经验的基础上，首次从法律层面上明确规定应当因地制宜、分类推进撂荒地治理，采取措施引导复耕，并且明确责任主体是县级以上地方人民政府。家庭承包的发包方可以依法通过组织代耕代种等形式将撂荒地用于农业生产。

（六）建立粮食安全责任制

《粮食安全保障法》第三条　国家建立粮食安全责任制，实行粮食安全党政同责。县级以上地方人民政府应当承担保障本行政区域粮食安全的具体责任。

县级以上人民政府发展改革、自然资源、农业农村、粮食和储备等主管部门依照本法和规定的职责，协同配合，做好粮食安全保障工作。

本条明确国家建立粮食安全责任制，实行了粮食安全党委、政府同责，压实了县级以上人民政府粮食安全具体责任。

党的十八大以来,党中央、国务院把保障国家粮食安全提到新的高度。2020年12月,习近平总书记在中央农村工作会议上强调:"地方各级党委和政府要扛起粮食安全的政治责任。""粮食安全要实行党政同责,'米袋子'省长要负责,书记也要负责。"2022年1月,中共中央办公厅、国务院办公厅印发《地方党委和政府领导班子及其成员粮食安全责任制规定》,明确地方党委和政府应当共同扛稳保障本地区粮食安全、维护国家粮食安全的政治责任。地方党委承担保障本地区粮食安全的领导责任,地方政府在党委领导下,承担保障本地区粮食安全的具体责任。

为深入学习贯彻习近平总书记关于保障国家粮食安全的重要指示批示精神,根据中央关于地方党委和政府领导班子及其成员粮食安全责任制有关规定,2022年江西省制定了贯彻执行粮食安全责任制规定的若干措施,明确各级政府在党委领导下,承担保障本地粮食安全的具体责任。各级政府主要负责人要建立健全本地粮食安全相关工作机制,具体部署并组织推动粮食安全工作,及时研究解决粮食安全工作重大问题,同时明确落实国家粮食收购政策、提升粮食收储调控能力等具体工作职责。

粮食安全工作重要性强,涉及面广,发展改革、自然资源、农业农村、粮食和储备等主管部门应当密切配合,形成工作合力,共同扛稳保障国家粮食安全责任。

(七)完善政府粮食储备机制

《粮食安全保障法》第二十九条　国家建立政府粮食储备体系。政府粮食储备分为中央政府储备和地方政府储备。政府粮食储备用于调节粮食供求、稳定粮食市场、应对突发事件等。

中央政府粮食储备规模和地方政府粮食储备总量规模由国务院

确定并实行动态调整。政府粮食储备的品种结构、区域布局按照国务院有关规定确定。

政府粮食储备的收购、销售、轮换、动用等应当严格按照国家有关规定执行。

本条规定了我国建立政府粮食储备体系,明确了政府粮食储备的具体用途,对政府储备粮规模、品种和收购、销售等要求作出了具体规定。

粮食储备是国家粮食宏观调控的基础,用于调节粮食供需、稳定粮食市场和应对突发事件等情况。根据粮食权属不同,我国政府储备粮由中央政府储备粮(粮食权属归国务院)与地方政府储备粮(粮食权属归各级地方政府)共同构成。

我国建立国家专项储备粮食制度始于20世纪。1990年,国务院印发《国务院关于建立国家专项储备粮食制度的决定》,明确要求各省、自治区、直辖市人民政府建立粮食储备制度。按照国家要求,江西省地方政府粮食储备逐步建立形成现在的以省级政府粮食储备为主、市县级政府粮食储备为辅,粮食储备品种以稻谷为主、玉米等品种为辅的格局。

2020年,国家发展和改革委员会、国家粮食和物资储备局等四部门联合印发《关于加强地方储备粮管理增强区域粮食安全保障能力的指导意见》,要求各地按照国家下达的总量计划落实地方储备规模(地方储备代指地方政府储备粮),对各地落实地方政府储备粮规模进一步提出了要求。江西省有关部门按该文件精神,已将全省地方储备粮规模计划进行了分解,逐级下达至各县(区、市),根据规模计划落实具体粮食数量、品种等要求。

政府储备粮食所有权归属各级政府,未经本级政府批准,任何单位和个人不得动用。为确保政府储备粮的运营安全,开展政府储备粮收购、销售、储备等方面工作均应严格执行国家相关规定。

(八) 强化粮食仓储设施保护

《粮食安全保障法》第三十六条　县级以上地方人民政府应当加强对粮食仓储、物流等粮食流通基础设施的建设和保护,组织建设与本行政区域粮食收储规模和保障供应要求相匹配,布局合理、功能齐全的粮食流通基础设施,并引导社会资本投入粮食流通基础设施建设。

任何单位和个人不得侵占、损毁、擅自拆除或者迁移政府投资建设的粮食流通基础设施,不得擅自改变政府投资建设的粮食流通基础设施的用途。

本条对加强粮食仓储和物流设施建设及保护作出了具体规定。明确了县级以上政府关于粮食仓储和物流设施建设及保护的责任。仓储和物流设施是开展粮食仓储和物流业务的基础条件,是确保粮食储存和运输安全的重要物质保障。因此,任何单位和个人不得侵占、损毁、擅自拆除或者迁移政府投资建设的粮食流通基础设施,不得擅自改变政府投资建设的粮食流通基础设施的用途。

为加强国有粮食仓储物流设施保护,保证粮食仓储能力满足粮食宏观调控和保障国家粮食安全的需要,2016 年,国家发展和改革委员会印发《国有粮油仓储物流设施保护办法》,对国有独资、国有控股粮油仓储单位的粮食仓储物流设施和混合所有制粮食仓储单位中涉及政府性资金资产投入建设、维修改造的粮食仓储物流设施的保护作出了明确规定。同年,江西省有关部门印发《江西省国有粮油仓储物流设施保护办法实施细则》,就全省行政区域内国有独资、国有控股粮油仓储单位的粮食仓储物流设施和混合所有制粮食仓储单位中涉及政府性资金资产投入建设、维修改造的粮食仓储物流设施的保护要求作了进一步明确。

在实际中,如确需拆除、迁移或者改变其用途的,应当征得粮食仓储物流设施产权单位同意,并经设施所在地政府粮食和储备主管部门逐级报告至省政府粮食和储备主管部门进行评估、提出意见。

(九)构建粮食应急保障体系

《粮食安全保障法》第四十七条　国家建立统一领导、分级负责、属地管理为主的粮食应急管理体制。

县级以上人民政府应当加强粮食应急体系建设,健全布局合理、运转高效协调的粮食应急储存、运输、加工、供应网络,必要时建立粮食紧急疏运机制,确保具备与应急需求相适应的粮食应急能力,定期开展应急演练和培训。

本条明确国家建立粮食应急管理体制,其原则是由国家统一领导,各级政府分级负责,属地政府进行管理为主。

江西省各级政府落实粮食安全责任,针对不同级次的粮食应急工作,按照地方的粮食事权各负其责。2023年,江西省政府办公厅印发《江西省粮食应急预案》,对各地建立粮食应急保障体系给出了指导性意见。

江西省进一步健全和落实粮食应急网点,对相关工作作出部署,要求原则上每个设区市至少有1家设区市级粮食应急保障中心,每个县(市、区)至少有1家粮食应急加工企业、配送企业、储运企业或同时具备多种功能的企业,每个乡镇(街道)至少有1个应急供应网点。南昌市主城区及其他城区常住人口在一百万人以上的城市,每三万人至少有1个应急供应网点或每个社区有1个应急供应网点,确保满足本地粮食应急需要。

(十)加大全社会节粮减损力度

《粮食安全保障法》第五十二条　国家厉行节约,反对浪费。县级以上人民政府应当建立健全引导激励与惩戒教育相结合的机制,加强对粮食节约工作的领导和监督管理,推进粮食节约工作。

县级以上人民政府发展改革、农业农村、粮食和储备、市场监督管理、商务、工业和信息化、交通运输等有关部门,应当依照职责做好粮食生产、储备、流通、加工、消费等环节的粮食节约工作。

第五十六条　粮食食品生产经营者应当依照有关法律、法规的规定,建立健全生产、储存、运输、加工等管理制度,引导消费者合理消费,防止和减少粮食浪费。

公民个人和家庭应当树立文明、健康、理性、绿色的消费理念,培养形成科学健康、物尽其用、杜绝浪费的良好习惯。

以上两条对加强节粮减损、杜绝粮食浪费作出了明确规定。

我国自古以来就有节约粮食的优良传统。"谁知盘中餐,粒粒皆辛苦",每一粒粮食的产出,都有参与粮食生产、运输、加工等方面工作的劳动者的辛勤付出,都值得全社会珍惜和爱护。根据《中国农业产业发展报告(2023)》测算,到2035年,如果我国粮食收获、储藏、加工和消费环节损失率分别减少1个至3个百分点,水稻、小麦和玉米三大主粮损失率将减少40%,可节约粮食1100亿斤。

党和国家一直以来高度重视节粮减损工作。习近平总书记多次强调,"减少粮食损耗是保障粮食安全的重要途径"。江西省于2022年印发了《贯彻落实〈粮食节约行动方案〉任务分工》,要求"各地、各有关单位要以世界粮食日和全国粮食安全宣传周活动等为契机,结合

《中华人民共和国反食品浪费法》等法律法规宣传工作,充分利用报刊、电视、广播、新媒体等,广泛开展主题宣传,在全社会营造浪费可耻、节约为荣的氛围"。

广大粮食经营者应建立健全生产、储存、运输、加工等管理制度,加强新技术、新工艺、新设备的推广应用,提高管理水平,努力减少上述环节的粮食损耗。公民和家庭应树立新理念,珍惜和节约每一粒粮食,养成科学健康的食品消费习惯,在全社会形成爱粮节粮的社会风气。

三 热点问题聚焦

(一)《粮食安全保障法》的立法背景

耕地保护和粮食安全事关国家经济发展、社会民生。牢牢守住耕地和粮食安全底线,切实加强耕地保护和保障粮食安全,是落实总体国家安全观和保障国家安全的重要举措。耕地是粮食生产的命根子,耕地保护和粮食安全是国之大者。习近平总书记对耕地保护和粮食安全作出了一系列重要指示批示,强调要像保护大熊猫一样保护耕地。

党的十八大以来,我国牢固树立新的国家粮食安全观,确立了"以我为主、立足国内、确保产能、适度进口、科技支撑"的国家粮食安全战略,粮食生产、加工、储备、应急保障等能力全面增强。但粮食安全依然面临不少现实问题和挑战,如我国耕地资源有限,淡水资源严重不足,粮食生产的刚性约束日益增强;粮食总量充裕但结构性矛盾比较突出;农民种粮比较收益较低,地方抓粮、农民种粮的积极性有待提升;粮食区域产需不平衡加剧,粮食生产、库存向主产区集中等。同时,国际环境错综复杂,国内改革进入深水区,保障国家粮食安全面临许多新情况、新挑战。

一直以来,我国没有一部专门针对保障粮食安全的单行法律。针对保障粮食安全涉及耕地、农业生产、粮食流通等多方面内容,国家对保障粮食安全的工作要求分散于农业、自然资源、粮食流通等方面的法律法规规章文件中,如《粮食流通管理条例》《粮食质量安全监管办法》《中央储备粮管理条例》《政府储备粮食质量安全管理办法》等,呈现碎片化、抽象化以及法律效力层级低等特征,存在缺乏统筹集成、有效衔接等弊端,亟须加快完善。

因此,为全面贯彻国家粮食安全战略,健全粮食安全保障制度体系,全方位夯实粮食安全根基,特制定《粮食安全保障法》。这是继《中华人民共和国网络安全法》《中华人民共和国核安全法》《中华人民共和国生物安全法》《中华人民共和国数据安全法》等之后又一部以"安全"冠名的法律,也是为粮食安全制定的一部专门的法律。

(二)耕地用途管制与耕地种植用途管控的区别

耕地用途管制,指的是严格控制耕地转为建设用地,严格管控耕地转为其他农用地和农业设施建设用地。对耕地实行严格的用途管制,主要法律依据是《土地管理法》提出的"国家保护耕地,严格控制耕地转为非耕地";《中华人民共和国乡村振兴促进法》和《土地管理法实施条例》提出的"严格控制耕地转为林地、草地、园地等其他农用地"。

耕地种植用途管控,强调利用耕地进行作物种植需要符合法律规定,不能随意改变用途。按照《国务院办公厅关于防止耕地"非粮化"稳定粮食生产的意见》规定,永久基本农田要重点用于发展粮食生产,特别是保障稻谷、小麦、玉米三大谷物的种植面积。一般耕地(永久基本农田以外的耕地)应主要用于粮食和棉、油、糖、蔬菜等农产品及饲草饲料生产。《粮食安全保障法》第十三条强调,"耕地应当主要用于粮食和棉、油、糖、蔬菜等农产品及饲草饲料生产。县级以上地方人民政府应当根据粮食和重要农产品保供目标任务,加强耕地种植用途管控,落实耕地利用优先序,调整优化种植结构。具体办法由国务院农业农村主管部门制定"。根据《粮食安全保障法》第六十六条规定,"违反本法规定,种植不符合耕地种植用途管控要求作物的,由县级人民政府农业农村主管部门或者乡镇人民政府给予批评教育;经批评教育仍不改正的,可以不予发放粮食生产相关补贴;对有关农业生产经营组织,可以依法处以罚款"。

(三)耕地质量保护工作事关粮食安全底线

耕地红线是保障国家粮食安全的底线。2023年7月20日,习近平总书记在中央财经委员会第二次会议上强调,要全力提升耕地质量。从全国层面来看,根据国土"二调"到国土"三调"的十年间,全国耕地地类减少了1.13亿亩。从全省层面来看,根据国土"三调"数据显示,江西省耕地总面积为4082.43万亩,只占全国的2.1%,只有湖南的3/4、湖北的3/5、安徽的1/2、河南的1/3。立足全国粮食主产省定位,在耕地数量有限的情况下,更要通过提高耕地质量来保障粮食安全。《中华人民共和国农业法》《中华人民共和国基本农田保护条例》《土地管理法实施条例》等法律法规均对耕地质量保护提出了明确要求。

《粮食安全保障法》与《中华人民共和国农业法》《中华人民共和国基本农田保护条例》《土地管理法实施条例》等相衔接。一是以立法形式明确耕地质量保护相关要求,凸显了耕地质量保护之于保障粮食安全的重要性。二是细化了耕地质量保护相关要求,提出了加强高标准农田建设、耕地质量调查和监测评价、土壤改良、退化耕地治理、黑土地保护、耕地轮作休耕、秸秆还田、盐碱地综合利用等系列措施要求。

　　为切实保障粮食安全,江西省采取了系列措施加强耕地质量保护。一是推进高标准农田建设。累计建成高标准农田面积达3068.5万亩,占全省耕地面积75.4%。二是加强耕地质量建设。持续推进酸化耕地治理、秸秆综合利用、化肥减量增效、绿色种养循环农业试点等工作,大力推广秸秆还田、撒施石灰、施用有机肥、土壤调理剂、种植绿肥等土壤改良培肥措施,持续提高耕地质量。根据最新耕地质量监测评价结果,全省耕地质量平均等级已达4.75,近三个年度累计提升0.22个等级。三是加强耕地质量监测评价。在93个农业县布局建设62个国家级、480个省级耕地质量监测点,每年组织开展耕地质量调查和监测评价,发布耕地质量监测评价公告,动态掌握全省耕地质量变化情况。

第 四 章

未成年人网络保护条例

（法律条文） （自测题）

2023年10月16日,国务院总理李强签署第766号国务院令,公布《未成年人网络保护条例》(本章内简称的《条例》均指《未成年人网络保护条例》),自2024年1月1日起施行。这是我国出台的第一部专门性的未成年人网络保护的综合立法,历经七年讨论、两次公开征求意见,共七章六十条,除总则、法律责任和附则外,分别在网络素养促进、网络信息内容规范、个人信息网络保护、网络沉迷防治等方面作出了细致规定,覆盖了未成年人网络保护的重要领域。《条例》重点突出,兼具体系化和针对性,既有对过往经验的科学总结,更有不少前瞻性规定,如明确规定任何组织和个人不得通过网络以文字、图片、音视频等形式,对未成年人实施侮辱、诽谤、威胁或者恶意损害形象等网络欺凌行为;进一步规定网络产品和服务提供者应当建立网络欺凌行为的预警、预防、识别监测和处置机制,每年发布专门的未成年人网络保护社会责任报告,接受社会公众评议监督;等等。此外,《条例》规范了未成年人个人信息保护机制,明确网络产品和服务提供者的工作责任、监护人的监护职责、未成年人私密信息的强化保护等重要规则。在未成年人网络防沉迷方面,对学校、监护人的预防与干预提出要求,规定网络产品和服务提供者应当建立健全防沉迷制度,合理限制不同年龄阶段未成年人单次消费数额和单日累计消费数额,明确国家有关部门的工作职责,推动形成网络沉迷防范工作实效。总的来看,《条例》的出台回应了社会各界对未成年人网络保护的关切,是国家立法的又一次成功"下探",进一步扎紧了法律藩篱,推动形成社会共治的良好局面,为未成年人网络保护提供更加坚实的法律屏障。

一 典型案例分析

(一) 初中生陈某隐私泄露案

【基本案情】

2022年,24岁的无业人员李某在网上结识了初中生陈某。两人网恋后,李某通过诱骗陈某,与其多次视频裸聊,并在此过程中获取了陈某裸照截图、视频录屏。2022年末,在陈某因矛盾要求分手时,李某将部分裸照截图及视频公布在某网络平台,并扬言发给陈某同学,以此威胁陈某与其继续保持恋爱关系。陈某父母得知实情后报案,李某随即被抓获。后陈某父母发现涉案图片、视频仍以"仅自己可见"的形式留存于李某账号中,且该网络平台客服以"该信息不处于公开状态"为由拒绝删除。2023年10月,陈某父母以李某及该网络平台运营主体某科技公司作为被告提起诉讼,要求李某及该科技公司承担删除侵权图片、视频及文字,并向陈某赔礼道歉等侵权责任。

【案件结果】

经法院审理,李某在网络平台传播陈某裸照、视频,并针对陈某发布侮辱、威胁言论的事实,侵犯了陈某的隐私权,属于严重的网络欺凌行为,李某已构成寻衅滋事罪,被判处有期徒刑一年三个月。同时,法院指出,该科技公司作为网络平台,对避免用户发布未成年人私密信息特别是涉及个人隐私信息的,应负有更高的保护义务,对于李某的侵权事实其"应当知道"但未采取进一步控制措施,应当承担连带责任。最终法院判处被告李某、该科技公司承担侵权责任,删除侵权图片、视频及文字,并向陈某书面赔礼道歉。

【案件评析】

《条例》第二十二条　任何组织和个人不得制作、复制、发布、传播含有宣扬淫秽、色情、暴力、邪教、迷信、赌博、引诱自残自杀、恐怖主义、分裂主义、极端主义等危害未成年人身心健康内容的网络信息。

任何组织和个人不得制作、复制、发布、传播或者持有有关未成年人的淫秽色情网络信息。

第二十六条　任何组织和个人不得通过网络以文字、图片、音视频等形式,对未成年人实施侮辱、诽谤、威胁或者恶意损害形象等网络欺凌行为。

网络产品和服务提供者应当建立健全网络欺凌行为的预警预防、识别监测和处置机制,设置便利未成年人及其监护人保存遭受网络欺凌记录、行使通知权利的功能、渠道,提供便利未成年人设置屏蔽陌生用户、本人发布信息可见范围、禁止转载或者评论本人发布信息、禁止向本人发送信息等网络欺凌信息防护选项。

网络产品和服务提供者应当建立健全网络欺凌信息特征库,优化相关算法模型,采用人工智能、大数据等技术手段和人工审核相结合的方式加强对网络欺凌信息的识别监测。

第三十五条　发生或者可能发生未成年人个人信息泄露、篡改、丢失的,个人信息处理者应当立即启动个人信息安全事件应急预案,采取补救措施,及时向网信等部门报告,并按照国家有关规定将事件情况以邮件、信函、电话、信息推送等方式告知受影响的未成年人及其监护人。

个人信息处理者难以逐一告知的,应当采取合理、有效的方式及时发布相关警示信息,法律、行政法规另有规定的除外。

第三十八条　网络服务提供者发现未成年人私密信息或者未成年人通过网络发布的个人信息中涉及私密信息的，应当及时提示，并采取停止传输等必要保护措施，防止信息扩散。

网络服务提供者通过未成年人私密信息发现未成年人可能遭受侵害的，应当立即采取必要措施保存有关记录，并向公安机关报告。

互联网时代，未成年人用网低龄化明显，"触网"低龄化使未成年人个人信息保护缺失问题突出；未成年人因其心智尚未成熟且自我保护意识薄弱，很容易在互联网中泄露个人信息，遭受"网络欺凌"；未成年人缺乏良好的风险应对能力，在个人信息泄漏时，特别是有关个人隐私信息泄漏时，难以采取迅速有效的方式保护自己的合法权益。《条例》以此为切入点，进一步压实网络服务提供者主体责任，新增强制报告义务，补强法律救济手段，最大限度地避免未成年人个人隐私和信息泄露。

本案中，被告李某通过网络平台发布受害人陈某的隐私图片、视频，利用网络羞辱、刺激陈某，恶意损害陈某形象的行为，已经明显构成"网络欺凌"，且被告科技公司在涉及色情信息时未能及时审核阻止，放任此等严重侵权信息在公共网络平台留存数天，也应当承担相应的连带责任。但被告科技公司辩称本案侵权行为由被告李某独自实施，其作为网络服务提供者，没有参与亦不明知或应知，不应承担侵权责任。实际上，被告科技公司作为公共网络平台，具备相应信息管理和技术能力，在审核难度较低、公开发布数天且涉案信息明显侵权的情况下仍没有及时采取保护措施，属于《民法典》第一千一百九十七条中规定的"应当知道"，构成侵权。本案中，被告科技公司违反了《条例》中网络服务提供者义务，应承担连带责任。

(二)姚某某等人网络诈骗案

【基本案情】

姚某某为具有初中文化程度的无业人员。自2018年3月至2019年8月,姚某某伙同他人共同成立了一个诈骗组织,设计"队长""师傅""助理"和"宣传人员"四类角色分工,在网络上编造网络兼职信息,诱骗750人交纳会费,涉案金额1300余万元。姚某某在实施诈骗活动的过程中,拉拢、招揽了560多名未成年人,其中在校大学生450多人。该诈骗集团由赵某某等4名未成年人作为"师傅",开展经营管理,涉案金额30万元至350万元不等;以王某为首的30名学员充当"助理"角色,涉案金额1万元至9.5万元不等;许某某、任某某等35名"宣传人员",负责"吸收"新会员、收取入会费用,涉案金额0.3万元至1万元不等。

【案件结果】

经过对姚某某的调查,检察院认为,作为共同犯罪集团的首要分子,应当按照诈骗集团所犯全部罪行处罚,认定其具有重大刑事责任。案件经审理,姚某某被法院判处十三年九个月的有期徒刑,并处罚金。

【案件评析】

《条例》第二十七条　任何组织和个人不得通过网络以文字、图片、音视频等形式,组织、教唆、胁迫、引诱、欺骗、帮助未成年人实施违法犯罪行为。

未成年人是网络时代的新生力量,是互联网的特殊群体,相关部门和社会各界理应开展必要保护,履行应尽职责,杜绝未成年人网络犯罪,保护未成年人的合法权益,维护社会公平正义。

在本案中,姚某某伙同他人共同成立诈骗组织,以编造网络兼职的方式拉拢和吸收大量的未成年人,并组织、引诱、欺骗、帮助赵某某等未成年人担任"师傅""助理""宣传人员"实施诱骗,严重侵犯了未成年人合法权益。检察院认定姚某某为首要分子,应当按照诈骗团伙所犯的全部罪行进行处罚,由于犯罪数额特别巨大,经检察院提起公诉后,被法院判处有期徒刑十三年九个月,并处罚金。这一案例体现了司法部门对唆使、诱骗未成年人实施网络诈骗行为的零容忍,通过制裁相关犯罪分子,更好地预防未成年人网络诈骗犯罪,对于其他引诱未成年人实施犯罪的行为也起到了警示、教育作用。

(三)张某某诉某数码科技有限公司网络充值纠纷案

【基本案情】

张某某之女张小某于2011年出生,为小学五年级学生。张小某于2022年4月19日晚,在主播的诱导下,通过张某某的支付宝账户,向某点卡专卖店支付5949.87元,购买了四张点卡。张某某认为,张小某是一名限制民事行为能力人,在短期内从点卡专卖店购买了5949.87元的游戏充值点卡,明显超过了其年龄和智力相适宜的范围,遂将点卡专卖店诉至法院,要求被告返还充值款。

【案件结果】

法院认为,限制民事行为能力人实施的纯获利益的民事法律行为或者与其年龄、智力、精神状况相适应的民事法律行为有效;实施的其他民事法律行为经法定代理人同意或者追认后有效。在本案中,原告

之女张小某属于限制民事行为能力人,张小某利用原告的支付宝账户,先后四次向被告支付较大金额,明显属于与其年龄和智力不符的行为,原告对张小某的行为不予追认,被告应当返还该金额。根据《民法典》第十九条、第二十三条、第二十七条、第一百四十五条的规定,判决被告退还原告的充值费用5949.87元。

【案件评析】

《条例》第四十一条 未成年人的监护人应当指导未成年人安全合理使用网络,关注未成年人上网情况以及相关生理状况、心理状况、行为习惯,防范未成年人接触危害或者可能影响其身心健康的网络信息,合理安排未成年人使用网络的时间,预防和干预未成年人沉迷网络。

第四十三条 网络游戏、网络直播、网络音视频、网络社交等网络服务提供者应当针对不同年龄阶段未成年人使用其服务的特点,坚持融合、友好、实用、有效的原则,设置未成年人模式,在使用时段、时长、功能和内容等方面按照国家有关规定和标准提供相应的服务,并以醒目便捷的方式为监护人履行监护职责提供时间管理、权限管理、消费管理等功能。

第四十四条 网络游戏、网络直播、网络音视频、网络社交等网络服务提供者应当采取措施,合理限制不同年龄阶段未成年人在使用其服务中的单次消费数额和单日累计消费数额,不得向未成年人提供与其民事行为能力不符的付费服务。

未成年人使用互联网开展日常的交往活动很容易受网络环境影响。现实中,未成年人网络充值和直播打赏行为时有发生,需重点关注并进行干预、保护。作为网络服务提供者,应当通过有效途径开展好未成年人网络消费提醒和管理。作为监护人,应当有效履行起监护职责,预防、干预、纠正未成年人网络沉迷,网络服务提供者也应当以合理的方式对监护人予以提示。

在本案中,张小某作为未成年人,进行与自身行为能力不相匹配的网络充值行为,而被告作为网络服务提供者,并没有采取合理措施限制未成年人单次消费数额和单日累计消费数额,侵害了未成年人的合法权益,其间产生的消费费用被告应当予以退还。《条例》的出台,对网络付费服务作出了更加明确的规定,明晰了各方的责任与义务,有力维护了未成年人合法权益和身心健康。

(四)蒋某某违规"解脸"向未成年人售卖游戏账号案

【基本案情】

蒋某某于2018年、2020年先后注册了两家公司,在多个网络购物平台上主营网络游戏账号回收及租售业务。其公司名下的客服人员会采用"话术诱导"的方式,让未成年人在购买游戏账号时绕过电商平台私下交易,如微信、支付宝等,以此躲避监管。同时,为保证盈利,蒋某某作为公司负责人授意工作人员联系"网络黑客",制作3D人脸动图破解"人脸识别认证"(俗称"解脸"),将所售游戏账号的注册者信息覆盖,帮助未成年人以此方式规避防沉迷系统。2021年9月,蒋某某等五人因涉嫌非法获取计算机信息系统数据罪被公安机关立案侦查。

【案件结果】

两年内,蒋某某注册的网络科技公司向未成年人销售"解脸"账号1207个,买家遍及十余个省份,涉案金额200余万元。2022年5月,经检察机关提起公诉,法院以非法获取计算机信息系统数据罪分别判处蒋某某等五人六个月至两年不等的有期徒刑,"黑客"周某也被依法判处刑罚。

【案件评析】

《条例》第四十二条　网络产品和服务提供者应当建立健全防沉迷制度,不得向未成年人提供诱导其沉迷的产品和服务,及时修改可能造成未成年人沉迷的内容、功能和规则,并每年向社会公布防沉迷工作情况,接受社会监督。

第四十六条　网络游戏服务提供者应当通过统一的未成年人网络游戏电子身份认证系统等必要手段验证未成年人用户真实身份信息。

网络产品和服务提供者不得为未成年人提供游戏账号租售服务。

2021年8月,国家新闻出版署下发《关于进一步严格管理　切实防止未成年人沉迷网络游戏的通知》,针对未成年人过度使用甚至沉迷网络游戏问题,进一步严格管理措施,坚决防止未成年人沉迷网络游戏,切实保护未成年人身心健康,一度被称为"史上最严网游防沉迷新规"。由于购买网游类商品者应年满18周岁,且需要填写实名认证信息才可下单,因此部分未成年人在无法购买此类商品的情况下很容易受到"话术引诱",想以此"突破"网络防沉迷系统,从而给如蒋某某注册的网络科技公司等实施"解脸"犯罪行为留下了可乘之机。

《条例》专门在第五章提出"网络沉迷防治",明确规定了有关部门、监护人、学校等各方主体在预防未成年人沉迷网络方面应尽的义务。特别是第四十二条、第四十六条专门规定了网络服务提供者在建立健全网络防沉迷制度中所应承担的责任。未成年人网络沉迷问题是近几年全社会一直重点关注的问题,未成年人的身心发展和认知能力有限,因此更应当避免未成年人接触影响其身心健康的游戏内容或功能,防止其深陷网络而难以自拔。因此,对于破坏"网络游戏防沉迷机制"的犯罪及网络游戏黑灰产业链,必须提高警惕、及时处理,为未成年人构建一个安全、健康、文明的网络环境,更有效地防止未成年人沉迷网络。

(五)张某等人以投票打榜为名骗取未成年人钱款案

【基本案情】

大学专科在读学生张某、易某、刘某甲单独或合谋,购买使用明星真实名字作为昵称、明星本人照片作为头像的 QQ 号,并通过该 QQ 号之前组织的多个"明星粉丝 QQ 群"添加被害人为好友,在群里虚构明星身份,以给明星投票的名义骗取被害人钱款。2020 年 6 月,被告人张某通过上述虚假明星 QQ 号,添加被害人刘某乙(女,13 岁,初中生)为好友。张某虚构自己是明星本人的身份,以给自己网上投票为由,将拟骗取的转账金额 10099 元谎称为"投票编码",向刘某乙发送的投票二维码实为收款二维码,诱骗刘某乙使用其母亲的微信账号扫描该二维码,输入"投票编码"后完成所谓的"投票",实则进行资金转账。在刘某乙发现钱款被转走要求退款时,张某又继续欺骗刘某乙,称添加"退款客服"后可退款。刘某乙添加"退款客服"为好友后,易某、刘某甲随即谎称需要继续投票才能退款,再次诱骗刘某乙通过其母亲的支付宝扫码转账 1 万余元。经查,被告人张某、易某、刘某甲等人通过上述手段骗取 5 名被害人钱款,共计 9 万余元。其中,4 名被害人系未成年人。

【案件结果】

2020 年 9 月 28 日,公安机关将本案移送至检察院审查起诉;10

月28日,检察机关以涉嫌诈骗罪对张某、易某、刘某甲提起公诉;12月16日,法院以诈骗罪分别判处张某、易某、刘某甲有期徒刑四年六个月至三年不等,并处罚金3万元至1万元不等,被告人未上诉,判决现已生效。案发后,检察机关主动联系教育部门,走进被害人所在的学校,通过多种方式开展法治宣传教育活动,教育引导学生自觉抵制不良"饭圈"文化影响,理性对待明星打赏,提高网上识骗防骗的意识和能力。

【案件评析】

《条例》第四十五条　网络游戏、网络直播、网络音视频、网络社交等网络服务提供者应当采取措施,防范和抵制流量至上等不良价值倾向,不得设置以应援集资、投票打榜、刷量控评等为主题的网络社区、群组、话题,不得诱导未成年人参与应援集资、投票打榜、刷量控评等网络活动,并预防和制止其用户诱导未成年人实施上述行为。

从统计数据来看,近年来,涉及未成年人的电信网络诈骗案件数量显著上升,其中不乏以"饭圈"消费为名的诈骗行为。这些犯罪行为不仅给受害者家庭造成经济损失,还可能对未成年人的身心健康产生负面影响。诈骗分子经常利用未成年人对偶像的崇拜和追捧心理,诱导其进行转账或刷单等操作,骗取钱财。应援集资、投票打榜、刷量控评等网络活动往往具有很强的竞争性和刺激性,容易让未成年人沉迷其中,让他们产生"金钱至上""流量为王"的错误观念,忽视真正的艺术价值和社会责任。应援集资、投票打榜、刷量控评等活动往往伴随着网络暴力、恶意攻击等不良行为,这些行为不仅破坏了网络环境,也影响了社会的和谐稳定。

《条例》第四十五条对这些行为进行了限制,帮助未成年人树立正确的价值观和道德观,引导未成年人养成健康的网络使用习惯,形成积极向上的生活方式。依法从严打击此类犯罪,有助于提升未成年人的法治意识,使其更加明确自己的权利和义务,增强自我保护能力。同时,加强法治宣传教育,引导未成年人树立正确的价值观和消费观,避免未成年人因心智尚未成熟,缺乏足够的辨识能力和自我控制能力,参与应援集资、投票打榜等活动,陷入盲目追星和过度消费的陷阱中。

监护人应加强对孩子的监管和教育,了解孩子的网络行为,及时发现并制止可能存在的网络诈骗行为,教育孩子不要随意透露个人信息和支付密码等敏感信息,保持警惕,不轻易相信陌生人或未知来源的信息,避免被不法分子利用。对于社交媒体和娱乐平台而言,也应当加大监管和审核力度,及时发现并处理可能存在的网络诈骗行为,及时加强对用户的教育和引导,提高用户的网络安全意识和自我保护能力。

(六)刘某诉赵某侵害人格权案

【基本案情】

某天,女童刘某因为不想去学校,哭闹不止,被家长捆在路边的一棵大树上。路人赵某用自己的手机录下了事发经过,并且视频发送到各大网站,视频很快流传开来,引发了网民对刘某监护人的教育方式的激烈讨论。录像中,小女孩刘某脸部轮廓明显,并且裙摆掀起,显露出一条短裤。刘某的监护人以摄影人赵某侵害了刘某的肖像权、名誉权和隐私权为由,向法院起诉,请求法院判决赵某停止侵权行为,并赔偿损失,向其赔礼道歉。

【案件结果】

法院经过审理,认定赵某上传的视频具有能够辨认刘某的外在特征。从其拍摄和传播视频的目的和手段来看,赵某并不具有不良意图,但其行为已经超越了社会公众的监督范围,偏离了其对未成年人权益的保护目的,对刘某产生了二次损害。另外,从监控录像中可以看出,刘某的监护人在赵某拍摄该视频的时候阻止了他,其行为已经表明拒绝他人拍摄刘某之意。赵某传播案涉视频的行为披露了未成年人不愿意为他人知晓的私密活动和隐私部位,一旦扩大传播,就会引起社会舆论的强烈反响,给刘某的人格权益及人格尊严带来严重的损害。经审理,法院认定赵某对刘某肖像权和隐私权构成侵犯,判决赵某删除视频,向刘某道歉,并对其进行相应的经济赔偿。

【案件评析】

《条例》第二十九条 网络产品和服务提供者应当加强对用户发布信息的管理,采取有效措施防止制作、复制、发布、传播违反本条例第二十二条、第二十四条、第二十五条、第二十六条第一款、第二十七条规定的信息,发现违反上述条款规定的信息的,应当立即停止传输相关信息,采取删除、屏蔽、断开链接等处置措施,防止信息扩散,保存有关记录,向网信、公安等部门报告,并对制作、复制、发布、传播上述信息的用户采取警示、限制功能、暂停服务、关闭账号等处置措施。

网络产品和服务提供者发现用户发布、传播本条例第二十三条第一款规定的信息未予显著提示的,应当作出提示或者通知用户予以提示;未作出提示的,不得传输该信息。

第五十七条 网络产品和服务提供者违反本条例规定,受到关闭网站、吊销相关业务许可证或者吊销营业执照处罚的,5年内不得重新申请相关许可,其直接负责的主管人员和其他直接责任人员5年内不得从事同类网络产品和服务业务。

第五十八条 违反本条例规定,侵犯未成年人合法权益,给未成年人造成损害的,依法承担民事责任;构成违反治安管理行为的,依法给予治安管理处罚;构成犯罪的,依法追究刑事责任。

本案中,被告赵某以实施舆论监督为由,未经同意拍摄了女童刘某被绑在树上的视频,其中女童面部清晰,且其裙子掀起露出了短裤,视频上传至社交平台遭大范围传播而引发侵权,对女童刘某造成了二次损害。赵某的行为侵犯了未成年人的合法权益,不利于未成年人的身心健康发展,根据《条例》第五十八条的规定,被告赵某应当承担民事责任。另根据《条例》第二十九条的规定,网络产品和服务提供者在发现被告赵某发布和传播侵犯未成年人人格权益的视频时未立即停止传输相关信息,采取删除、屏蔽、断开链接等处置措施,导致未成年人相关信息的扩散,也应承担相关的责任。

公民有权利对社会上出现的不正当行为发表自己的意见,但是,发表意见应当注意限度,尤其是在涉及未成年人的情况下,应该以保护未成年人的利益为优先,同时注意保护手段的合理性和方法的选择。相关网络产品和服务提供者也应尽到监督和审查职责,对相关侵害未成年人合法权益的行为采取制止、防止损害扩大等措施。这样才能有利于未成年人的身心健康发展,营造良好的网络环境,促进社会的和谐有序发展。

三 重点知识解读

(一)《条例》的立法目的和意义

对未成年人的保护关系国家未来和民族希望,关系亿万家庭的幸福安宁。如今,网络已经成为生活、学习和社交的重要平台,在给未成

年人带来便利的同时,也引发了诸多问题。比如,未成年人因侮辱、诽谤、威胁或者恶意损害形象等网络欺凌行为而身心健康受损;未成年人个人信息被滥采滥用的情况频发,个人信息保护实效离预期仍存在差距;未成年人容易沉迷网络,影响学习和生活;等等。

党中央、国务院高度重视未成年人网络保护工作。习近平总书记指出,"我们要本着对社会负责、对人民负责的态度,依法加强网络空间治理,加强网络内容建设""为广大网民特别是青少年营造一个风清气正的网络空间"。党的十八大以来,党中央有关文件多次提出要制定《未成年人网络保护条例》,国务院将此列入立法工作计划。2023年9月20日,《条例》经国务院第15次常务会议通过,自2024年1月1日起施行。

《条例》根据《未成年人保护法》《中华人民共和国网络安全法》《中华人民共和国个人信息保护法》等法律制定,着重强调未成年人的网络素养促进、网络信息内容规范、个人信息网络保护、网络沉迷防治,压紧压实网络服务提供者特别是网络平台服务提供者的责任,明确未成年人网络保护的监管主体、监管对象、规制主体及其对应的责任义务。

《条例》是我国第一部专门性的未成年人网络保护立法,回应了社会各界对未成年人网络保护的关切,反映了党和国家对未成年人网络与数据保护的高度重视,为未成年人在网络空间的健康成长提供了坚实的法治保障,标志着我国未成年人网络保护法治建设进入新的阶段。

(二)未成年人网络保护工作的各方职责

习近平总书记指出,"全社会要担负起青少年成长成才的责任"。《条例》明确提出未成年人网络保护工作应当实行社会共治,强调要建立健全未成年人网络保护体制机制,丰富完善监管责任体系。其中,第三条规定,国家网信部门负责统筹协调并依据职责做好未成年人网络保护工作,国家新闻出版、电影部门和国务院教育、电信、公安、民政、文化和旅游、卫生健康、市场监督管理、广播电视等有关部门,以及县级以上地方人民政府及其有关部门依据各自职责做好未成年人网络保护工作。第四条针对共产主义青年团、妇女联合会、工会、残疾人联合会、关心下一代工作委员会、青年联合会、学生联合会、少年先锋队以及其他人民团体、有关社会组织、基层群众性自治组织作出规定,要求协助有关部门做好未成年人网络保护工作,以期达到社会共治的效果。

未成年人网络保护工作是一项多方参与、协同配合的系统工程,不仅需要学校和监护人的共同参与,也需要社会各界和有关部门协同配合,形成合力,共同为未成年人筑牢网络保护的"防火墙"。

(三)提升未成年人的网络素养

未成年人网络素养包括网络安全意识、文明素养、行为习惯和防护技能等。现有法律对未成年人网络素养的规定主要体现在《中华人民共和国家庭教育促进法》《未成年人保护法》和《中华人民共和国预防未成年人犯罪法》之中,强调国家、社会、学校、家庭的主体责任,此次《条例》以专章的体例再次予以明确,凸显了素养问题在网络场域中的重要性。

《条例》第十三条要求国务院教育部门应当将网络素养教育纳入学校素质教育内容,鼓励学校将提高学生网络素养等内容纳入教育教学活动,帮助学生养成良好上网习惯,培养学生网络安全和网络法治意识。基于此,教育主管部门、学校要探索和创新网络素养教育,制订明确的网络素养提升计划,并据此实现课堂与实践教学的相融共促。

父母或者其他监护人是保护未成年人的第一责任人,需要在引导、示范和干预三方面主动作为。《条例》第十七条要求未成年人的监护人应当加强家庭家教家风建设,提高自身网络素养,规范自身使用网络的行为,加强对未成年人使用网络行为的教育、示范、引导和监督,保护未成年人少受或者免受不良网络信息内容的影响和侵害。

(四)明确对未成年人网络保护软件、智能终端产品的要求

《条例》第十九条规定,"未成年人网络保护软件、专门供未成年人使用的智能终端产品应当具有有效识别违法信息和可能影响未成年人身心健康的信息、保护未成年人个人信息权益、预防未成年人沉迷网络、便于监护人履行监护职责等功能";授权"国家网信部门会同国务院有关部门根据未成年人网络保护工作的需要,明确未成年人网络保护软件、专门供未成年人使用的智能终端产品的相关技术标准或者要求,指导监督网络相关行业组织按照有关技术标准和要求对未成年人网络保护软件、专门供未成年人使用的智能终端产品的使用效果进行评估";"智能终端产品制造者应当在产品出厂前安装未成年人网络保护软件,或者采用显著方式告知用户安装渠道和方法。智能终端产品销售者在产品销售前应当采用显著方式告知用户安装未成年人网络保护软件的情况以及安装渠道和方法"。

《未成年人学校保护规定》第三十三条首次提到了智能终端产品,规定:"学校可以禁止学生携带手机等智能终端产品进入学校或者在校园内使用;对经允许带入的,应当统一管理,除教学需要外,禁止带入课堂。"《条例》对"智能终端产品"作出了定义,即可以接入网络、具有操作系统、能够由用户自行安装应用软件的手机、计算机等网络终端产品。具备以上三个特征的还包括智能眼镜、智能手表等穿戴设

备、智能屏幕等。

(五)强调网络平台服务提供者、网络产品和服务提供者的义务

网络平台服务提供者在为未成年人提供有益身心健康的平台产品或服务的同时,也肩负着未成年人网络保护的社会责任。考虑到部分平台未成年人用户数量巨大,其平台产品和服务对未成年人群体影响显著,是未成年人网络保护的重要主体和重要环节,《条例》第二十条针对上述网络平台服务提供者的责任义务作出了明确规定。

针对未成年人特殊的身体和心理特点,《条例》第二十条要求上述网络平台服务提供者"在网络平台服务的设计、研发、运营等阶段,充分考虑未成年人身心健康发展特点,定期开展未成年人网络保护影响评估",并且"提供未成年人模式或者未成年人专区等,便利未成年人获取有益身心健康的平台内产品或者服务"。针对网络欺凌等未成年人受害问题,《条例》第二十条要求上述网络平台服务提供者按照国家规定建立健全未成年人网络保护合规制度体系,成立主要由外部成员组成的独立机构,负责对未成年人网络保护情况进行监督。

《条例》第二十条还规定了上述网络平台服务提供者平台对内和对外的法定责任。对内,网络平台服务提供者需要"遵循公开、公平、公正的原则,制定专门的平台规则,明确平台内产品或者服务提供者的未成年人网络保护义务,并以显著方式提示未成年人用户依法享有的网络保护权利和遭受网络侵害的救济途径","对违反法律、行政法规严重侵害未成年人身心健康或者侵犯未成年人其他合法权益的平台内产品或者服务提供者,停止提供服务"。对外,网络平台服务提供者应当"每年发布专门的未成年人网络保护社会责任报告,并接受社会监督"。

近年来,有关未成年人网络欺凌等问题层出不穷,如通过人肉搜

索、网络骂战、骚扰威胁等方式,公开被欺凌者隐私或丑化被欺凌者形象,这些行为方式给被欺凌者带来了巨大的心理和社会舆论压力。网络欺凌对未成年人的身心健康带来了极大的伤害,给其成长发展、人身安全留下了巨大的隐患。《条例》第二十六条明确了任何组织和个人不得通过网络以文字、图片、音视频等形式对未成年人实施侮辱、诽谤、威胁或者恶意损害形象等网络欺凌行为,网络产品和服务提供者要建立健全网络欺凌行为的预警预防、识别监测和处置机制。在防护手段上,要设置便利未成年人及其监护人保存遭受网络欺凌记录、行使通知权利的功能、渠道,提供便利未成年人设置屏蔽陌生用户、本人发布信息可见范围、禁止转载或者评论本人发布信息、禁止向本人发送信息等网络欺凌信息防护选项。在识别手段上,网络产品和服务提供者应当建立健全网络欺凌信息特征库,优化相关算法模型,采用人工智能、大数据等技术手段和人工审核相结合的方式加强对网络欺凌信息的识别监测。

(六)强调对未成年人个人信息的保护

《未成年人保护法》第七十五条规定,网络游戏服务提供者应当要求未成年人以真实身份信息注册并登录网络游戏。第七十六条规定,网络直播服务提供者不得为未满十六周岁的未成年人提供网络直播发布者账号注册服务;为年满十六周岁的未成年人提供网络直播发布者账号注册服务时,应当对其身份信息进行认证,并征得其父母或者其他监护人同意。在此基础上,《条例》第三十一条规定,网络服务提供者为未成年人提供信息发布、即时通讯等服务的,应当依法要求未成年人或者其监护人提供未成年人真实身份信息,否则不得为未成年人提供相关服务。同时,要求网络直播服务提供者建立网络直播发布者真实身份信息动态核验机制,不得向不符合法律规定情形的未成年人用户提供网络直播发布服务。这在一定程度上弥补了立法漏洞,完善了监管链条。

(七)防止未成年人沉迷网络

近年来,未成年人沉迷网络游戏、网络直播等现象十分普遍。基于此,《条例》第五章专门规定了防沉迷制度,从国家层面对未成年人沉迷网络进行预防和干预。其中,要求网络产品和服务提供者应当建立健全防沉迷制度,不得向未成年人提供诱导其沉迷的产品和服务,及时修改可能造成未成年人沉迷的内容、功能和规则,并每年向社会公布防沉迷工作情况,接受社会监督。网络防沉迷不只是政府主管部门、学校和监护人的职责,也是网络产品和服务提供者的责任。网络产品和服务提供者为了追求利润,往往设计算法使人沉迷其中,《条例》对此作了明确的规制。

实践中,未成年人游戏充值、直播打赏等造成家庭财产损失的现象引起了社会的广泛关注。未成年人属于无民事行为能力人或限制民事行为能力人,高额打赏远超出未成年人的民事行为能力。对此,《条例》规定网络游戏、网络直播、网络音视频、网络社交等网络服务提供者应当采取措施,合理限制不同年龄阶段未成年人在使用其服务中的单次消费数额和单日累计消费数额,不得向未成年人提供与其民事行为能力不符的付费服务。这一明确规定,对保护未成年人及其家庭财产权益、推进未成年人网络沉迷防治工作具有积极意义。

三 热点问题聚焦

(一)《条例》的立法过程

这部未成年人网络保护综合立法的出台,可谓酝酿多年。

《条例》起草历时近十年,早在 2014 年,《未成年人网络保护条例》就被纳入国务院的立法计划,并两次向社会公开征求意见,反复论证。

在推动《条例》出台的过程中,我国在未成年人网络保护立法工作方面持续发力。2017 年开始施行的《中华人民共和国网络安全法》专条提出"为未成年人提供安全、健康的网络环境";2020 年修订的《未成年人保护法》增设"个人信息网络保护"专章,对网络保护理念、相关企业责任等作出全面规范;2021 年开始施行的《中华人民共和国个人信息保护法》则规定,对处理不满十四周岁未成年人个人信息的,应当取得其父母或者其他监护人的同意,应当制定专门的个人信息处理规则。

此外,相关部门也陆续出台了一系列规范网络空间、有利于未成年人网络保护的规章和规范性文件,例如《关于规范网络直播打赏 加强未成年人保护的意见》《关于进一步严格管理 切实防止未成年人沉迷网络游戏的通知》《关于加强网络文化市场未成年人保护工作的意见》《儿童个人信息网络保护规定》等,力求不断构筑未成年人网络保护的法治屏障。

《条例》立足于未成年人网络保护的实践经验,将一系列富有创造性的治理方案与务实举措予以立法化,使未成年人网络保护形成制度化体系。2023年9月20日,《未成年人网络保护条例》经国务院第15次常务会议通过,于10月16日正式公布,自2024年1月1日起施行。《条例》的出台从立法层面有效回应了时代需求和人民期待,针对未成年人网络保护的优先性和特殊性,从实际操作层面对未成年人网络保护规范进行了补充、细化和完善。

(二)《条例》出台的时代意义

《条例》以问题为导向,回应社会关切,推进探索创新,有针对性地解决许多未成年人网络保护领域的痛难点,符合当下实际。《条例》的出台进一步筑牢了未成年人网络安全法治屏障,对我国乃至全球推动数字时代未成年人保护规则的发展来说,意义重大。

1. 充分展现我国互联网治理领域的法治成果

未成年人网络保护是我国依法治国的重要方面,我国网络法治建设将未成年人网络保护作为重要的组成部分。《条例》是我国互联网治理领域的法治成果之一,其制度内容涵盖未成年人网络保护各环节、各方面、全流程,不仅有效满足了未成年人网络保护的实践需要,而且与我国网络空间治理整体思路高度契合,体现了制度延续与立法前瞻并存、国际共性和中国特性兼顾的网络时代品格。《条例》在营造未成年人安全网络环境的同时,促进了网络空间生态治理目标的实现。

2. 彰显我国在未成年人保护领域的担当

在世界各国不断加快未成年人网络保护立法步伐的时代背景下,我国积极推动和引领未成年人网络保护事业的发展,积极倡导构建未成年人网络保护新机制,搭建未成年人网络保护新平台,勇于成为数字时代引领未成年人网络保护事业发展的重要力量。《条例》的出台致力于营造清朗的网络空间,为未成年人上网保驾护航,助力未成年人健康成长,彰显了我国在未成年人保护领域的担当。

3.标志着我国未成年人网络保护法治建设进入新阶段

《条例》的颁布,标志着我国在网络空间权益保护方面迈出了重要一步,对于加快推进网络强国建设,守护民族希望具有重要意义。《条例》聚焦未成年人网络保护面临的新形势新问题,系统构建未成年人网络保护规则体系,为未成年人网络保护提供了制度保障和精确的方向指引,标志着我国未成年人网络保护法治建设进入新阶段,推动我国未成年人网络保护工作不断迈上新台阶。

4.为全球未成年人网络空间治理提供样本

数字时代,未成年人网络保护是一个高度国际化的议题。如何构建符合数字时代要求的未成年人网络保护法律制度、破解时代变迁引发的全新命题,对世界各国以及全球治理来说都是巨大的挑战。《条例》坚持贯彻联合国《儿童权利公约》中确立的最有利于未成年人的原则,在尊重和保障未成年人参与权的基础上,实现未成年人在数字时代的发展权。《条例》构建了具有中国特色的未成年人网络保护法律制度,对国际社会探索数字时代未成年人网络保护机制具有重大启示意义,为全球未成年人网络空间治理提供了样本。

(三)《条例》的主要内容和立法亮点

《条例》内容导向明确、体系严谨,秉承且体现了最有利于未成年人的原则,从网络素养促进、网络信息内容规范、个人信息网络保护、网络沉迷防治等方面作出了制度性规定,覆盖了未成年人网络保护主体、客体、技术、内容等重要方面,明确了网络产品和服务提供者等主体的未成年人网络保护义务,规范了相关管理要求,是我国的第一部专门性的未成年人网络保护综合立法,回应了社会各界对未成年人网络保护的关切。具体来说,《条例》的发布和出台主要有以下几个方面内容和亮点：

1. 注重法律之间的衔接与细化，完善现有立法

目前，我国未成年人的网络普及率超过95%，未成年人的学习、生活、交友以及三观的形成，已经与网络产生了不可分割的关系。近年来，未成年人参与网络空间活动当中产生的问题也层出不穷，例如未成年人个人信息缺乏保护、未成年人网络沉迷等。在此背景下，如何保护未成年人的合法权益，引导他们健康合理上网，成为社会各方面非常关心的问题。此前，《未成年人保护法》基于网络保护设立了独立篇章，但其制度设计存在诸如网络安全风险规制模糊、不良信息范围的界定不周全、条文表述总括性过多等不足。国家网信办、国家新闻出版署、文旅部等部门也发布过关于未成年人网络保护的相关规定。此外《中华人民共和国网络安全法》《中华人民共和国个人信息保护法》等法律也对未成年人网络保护作出了相关规定，这些集抽象性保护理念与具体化保护规范为一体的法律法规，在一定程度上强化了基于未成年人主体网络活动的规范运行，但有些条文仍面临着理解及适用问题。

《条例》进一步从下位法的角度细化了相关上位法的要求，对以《未成年人保护法》《中华人民共和国网络安全法》为引领的法律进行了很好的对接和延伸，从网络素养促进、网络信息内容规范、个人信息网络保护以及网络沉迷防治等方面设置了相应制度，与已经运行的诸多涉及未成年人网络活动的规范相衔接并进一步细化和完善，力促落实、执行的实效性。同时，以问题为导向，积极回应了未成年人网络保护工作在实践中遭遇的困境，通过科学立法，完善未成年人保护的制度体系，增加了诸多创新性的内容，还明确了网信部门、家长、学校以及网络服务提供者宣传、教育、引导、监督、处置的主体责任，很好地修补了其他相关法律的缺失之处，其以边缘性的修补而非系统性独立建构的条例形式，与其他上位法律法规一起，共同织密基于网络活动视

域下的未成年人权益保护机制网。

2.以保护与赋权为导向,助推未成年人网络利益的最大化实现

数字时代,网络空间未成年人的权益如何保护,必然性地引申出网络权益的妥当赋予与维护的话题,即保护与赋权的平衡。对此,家庭和社会不能剥夺未成年人这一权利,抑或消极被动地实施网络壁垒与阻隔,而是要积极主动地赋予未成年人在网络实践中最大化提升自我发展能力的权利空间,尊重并激发未成年人的积极主动性,让网络真正为未成年人所用并发挥其正向效应。但网络空间存有各种各样的风险,社会也有义务做好这些风险的防范措施,保护未成年人免受侵害,这就需要相应的制度规范来破解这一命题,筑起网络空间正向效能释放的有力支撑。

此次《条例》对赋权与保护的平衡性作了较好的处理:一方面,注重发展权益,加强优秀网络内容供给,比如第二十一条规定"国家鼓励和支持制作、复制、发布、传播弘扬社会主义核心价值观和社会主义先进文化、革命文化、中华优秀传统文化,铸牢中华民族共同体意识,培养未成年人家国情怀和良好品德,引导未成年人养成良好生活习惯和行为习惯等的网络信息,营造有利于未成年人健康成长的清朗网络空间和良好网络生态"。另一方面,聚焦数字鸿沟、网络成瘾和网络伤害等,注重未成年人的网络安全,对网络欺凌行为设置了预警预防、识别监测和处置机制。当未成年人在网络空间中面临风险、权益受到侵害的时候,将提前防控、发现报告、依法处置置于网络活动诸环节中,即任何组织和个人发现风险状况都可以向有关部门或平台报告,有关部门或平台据此要依法进行核实、处置并采取一系列的法定措施。对非授权的恶意收集、使用未成年人个人信息的现象以及"告知—同意"模式面临失范风险的情形,《条例》也作了相应规制措施,以防止类似的问题出现。同时,《条例》从督促平台企业切实承担社会责任的角度出发,对其提出了未成年人网络保护方面的特殊义务要求,并赋予政府

有关部门监管之责,要求平台从保护未成年人合法权益的角度出发,跟进事前、事中乃至事后的系列防范措施。

3. 注重网络保护协同,形成社会共治

未成年人网络保护是一项系统性工程,需要汇聚各方力量,共同构筑安全保护网。据此,《条例》对教育主管部门、各级政府层面、参与网络活动的软硬件企业以及支持服务部门(学校、社区、图书馆、文化馆、青少年宫等场所)等主体也作出明确要求,比如第十四条规定"县级以上地方人民政府应当科学规划、合理布局,促进公益性上网服务均衡协调发展,加强提供公益性上网服务的公共文化设施建设,改善未成年人上网条件"。对相关网络保护软件、智能终端产品的研发、生产和使用作了明晰的导向,责成相关网络平台服务提供者定期发布社会责任报告,健全各类社会组织和服务支持体系,以期共同营造未成年人网络安全的良好氛围。

4. 注重未成年人网络权益的司法保护,明确法律责任

《条例》与《中华人民共和国治安管理处罚法》《中华人民共和国刑法》等相衔接,综合运用刑事、民事、行政、公益诉讼职能,推进未成年人网络保护治理,对明确违反《条例》规定、侵犯未成年人网络权益行为的法律责任,设置了较为严厉的处罚规则。如网络产品和服务提供者在不同情况下可能需要承担5万元到100万元、违法所得1倍到10倍之间、5000万元以下或者上一年度营业额百分之五以下不等的罚款;直接负责的主管人员和其他直接责任人员在不同情况下可能需要承担1万元到100万元之间不等的罚款。监管部门可责令网络产品和服务提供者暂停相关业务、停业整顿、关闭网站、吊销相关许可证或者吊销营业执照。网络产品和服务提供者违反《条例》规定,受到关闭网站、吊销相关业务许可证或者吊销营业执照处罚的,5年内不得重新申请相关许可,其直接负责的主管人员和其他直接责任人员5年内不得从事同类网络产品和服务业务。

通过明确法律责任,加强司法保护,未成年人网络权益保护已经取得了不错的成果。针对通过网络侵害未成年人身心健康等现象,最高人民检察院制发了"六号检察建议",督促相关部门推进综合治理,聚焦网络发展新业态,促推相关部门出台禁止电竞酒店违规接待未成年人等工作规范。2020年1月至2023年9月,检察机关起诉成年人涉嫌利用电信网络侵害未成年人犯罪1.16万人。最高人民检察院还针对通过网络聊天胁迫女童自拍裸照等问题发布指导性案例,确立了无身体接触猥亵行为等同于线下犯罪的追诉原则,目前已累计追诉犯罪3000余人。

第 五 章

江西省安全生产条例

(法律条文)　　(自测题)

《江西省安全生产条例》(本章内简称的《条例》均指《江西省安全生产条例》)于2023年7月26日经江西省第十四届人民代表大会常务委员会第三次会议修订通过,自2023年9月1日起施行。《条例》认真贯彻习近平总书记关于安全生产工作一系列重要指示精神,贯彻落实党和国家关于安全生产的决策部署,以及《中华人民共和国安全生产法》(以下简称《安全生产法》)相关规定,总结提炼江西省安全生产经验做法,把经过实践检验证明的有效措施和制度,提炼、固化、上升为地方性法规。同时,吸取事故教训、聚焦安全生产工作中的现实问题加以规范,进一步细化政策和法律规定,增强法规条文的可操作性,着力打通法律法规实施的"最后一公里"。

一 典型案例分析

（一）某物流有限公司不履行安全生产主体责任重大安全事故案

【基本案情】

2023年1月8日,某市乡村路段发生一起重大道路交通事故,造成20人死亡、19人受伤,直接经济损失约1991万元。经调查认定,驾驶人程某才驾驶重型半挂牵引货车,途经前方因丧事活动产生烟雾而影响视线的路段仍超速行驶,遇紧急情况未采取有效安全避让措施,且车辆严重超限超载,致使制动性能下降,制动距离延长,连续碰撞占道开展丧事活动的送葬人群,是造成事故发生的直接原因。

该起事故中,肇事车辆挂靠的某物流有限公司安全生产主体责任不落实,疏于对所属车辆和驾驶员的日常安全管理,未按规定履行企业安全生产主体责任和治理超限超载责任,安全生产规章制度缺失,管理混乱,虚设安全生产机构,未依法明确专人负责安全管理工作,未有效履行对包括肇事车辆驾驶人在内的驾驶员安全生产教育培训和车辆管理监督的职责,对包括挂靠车辆违法超限超载行为不检查、不制止,放任无道路运输证的车辆从事货物运输,未依法与肇事车辆驾驶人签订合同。公司法定代表人戴某春和实际控制人戴某花安全意识淡薄,未依法履行安全生产主要负责人法定职责。

【案件结果】

肇事车辆驾驶人程某才超速超限超载,驾驶未取得道路运输证的车辆违规运输,对事故的发生负有直接责任,涉嫌交通肇事罪,被追究刑事责任。该物流有限公司法定代表人戴某春、实际控制人戴某花,未履行安全生产工作职责,对事故发生负有直接责任,涉嫌犯罪,被移交司法机关追究刑事责任。该物流有限公司违反了《安全生产法》第四条规定,由应急管理部门依据《安全生产法》第一百一十四条规定予以行政处罚。

【案件评析】

《条例》第四条　生产经营单位作为本单位安全生产的责任主体,应当依法加强安全生产管理,建立健全全员安全生产责任制和安全生产规章制度,加大对安全生产资金、物资、技术、人员的投入保障力度,改善安全生产条件,加强安全生产标准化、信息化建设,构建安全风险分级管控和隐患排查治理双重预防机制,健全风险防范化解机制,提高安全生产水平,确保安全生产。

平台经济等新兴行业、领域的生产经营单位应当根据本行业、领域的特点,建立健全并落实全员安全生产责任制,加强从业人员安全生产教育和培训,履行法律、法规和本条例规定的有关安全生产义务。

《安全生产法》第一百一十四条　发生生产安全事故,对负有责任的生产经营单位除要求其依法承担相应的赔偿等责任外,由应急管理部门依照下列规定处以罚款:

(一)发生一般事故的,处三十万元以上一百万元以下的罚款;

(二)发生较大事故的,处一百万元以上二百万元以下的罚款;

(三)发生重大事故的,处二百万元以上一千万元以下的罚款;

（四）发生特别重大事故的，处一千万元以上二千万元以下的罚款。

发生生产安全事故，情节特别严重、影响特别恶劣的，应急管理部门可以按照前款罚款数额的二倍以上五倍以下对负有责任的生产经营单位处以罚款。

生产经营单位是保障安全生产的责任主体，是预防和减少生产安全事故的基础和关键，在生产经营活动全过程中必须按照《安全生产法》《条例》等安全生产法律法规的规定，加强安全生产管理，建立健全全员安全生产责任制和安全生产规章制度，保障安全生产投入，改善安全生产条件，依照有关规定设置安全生产的管理机构、配备安全生产管理人员，构建安全风险分级管控和隐患排查治理双重预防机制，确保安全生产。本案中的安全生产责任主体——该物流有限公司及其主要负责人，未依法履行安全生产责任，公司安全生产规章制度缺失、安全管理机构不健全、安全管理混乱，未对从业人员开展安全生产教育培训等，严重不落实安全生产主体责任，是事故发生的主要原因。针对当前安全生产主体责任落实上的差距，《条例》就落实主体责任的要求作了细化规定，在如何教育和培训从业人员、如何落实双重预防机制、如何实施危险作业等方面做到可操作性强，便于生产经营单位和有关部门能够更加高效地抓好法律法规的落实。

（二）某早餐店燃气泄漏爆炸案

【基本案情】

2022年10月29日，位于某开发区的小区商铺发生爆炸事故，造成4人死亡、18人受伤，直接经济损失约861.92万元。经调查认定，商铺某早餐店内液化石油气供气气瓶及管道各阀门在停止营业后仍处于开启状态,气化炉缺少防止液相流出的安全保护装置,导致液相流出进入低压燃气管道系统,并在封闭管道内逐渐气化,压力不断升高,燃气管路在超压状态下发生泄漏,泄漏的燃气浓度达到爆炸临界点,遇店内收银台区域的电气设备产生电火花而发生燃气爆炸。

该早餐店作为餐饮经营单位,安全意识淡薄,安全主体责任不落实,未建立健全安全生产责任制和安全生产规章制度,安全管理严重缺失;聘请无燃气燃具器具设计安装资质人员设计安装燃气管道,未按规范要求安装燃气泄漏报警装置,导致店内燃气设施不符合规范要求,长期存在安全隐患;未对员工开展燃气安全使用知识培训,未遵守安全用气规则,对液化气及其管路日常使用和管理不当,液化气罐阀门长期处于开启状态,尤其是在事故当日发现燃气使用异常,仍未引起足够重视,未及时予以处置,导致事故发生。

【案件结果】

该早餐店注册经营者黎某、实际经营者之一张某,对事故发生负有直接责任,因涉嫌重大责任事故罪,被刑事拘留。该早餐店违反了《安全生产法》第四条的规定,依据《安全生产法》第一百一十四条,由应急管理部门依法给予罚款150万元的行政处罚,由市场监管部门依法吊销营业执照。

【案件评析】

《条例》第二十四条 餐饮等行业的生产经营单位使用燃气的,应当安装可燃气体报警装置,并保障其正常使用。鼓励其他使用燃气的用户安装可燃气体报警装置。餐饮等行业安装可燃气体报警装置的监督管理部门,由设区的市和县级人民政府按照国家有关规定确定。

可燃气体报警装置,是指用来检测可燃气体泄漏的设备设施。当有可燃气体泄漏或者可燃气体报警装置检测到气体浓度达到爆炸临界点时,可燃气体报警装置就会发出报警信号,以提醒现场工作人员采取安全措施,并驱动排风、切断、喷淋系统,防止发生爆炸、火灾、中毒事故,从而保障生产安全。餐饮等行业的生产经营单位使用燃气的,应当依法安装可燃气体报警装置,也应当保障报警装置能够正常使用,及时更新维修、保养。不得擅自关闭、破坏甚至移除可燃气体报警装置,切实发挥报警装置功能,提前预警燃气泄漏等风险,及时采取切断危险源、疏散人员等有效防范措施。本案中,该早餐店未按规范要求安装可燃气体报警装置,店内燃气设施不符合规范要求,长期存在安全隐患,未能及时发现燃气泄漏,是导致事故发生的原因。近年来,省内外餐饮等行业燃气爆炸事故时有发生,如宁夏银川富洋烧烤店"6·21"特别重大燃气爆炸事故、湖北十堰"6·13"重大燃气爆炸事故等,给人民群众生命财产造成重大损失。在总结实践经验和事故教训基础上,综合考虑安全生产现实需要,《条例》第二十四条明确规定,餐饮等行业的生产经营单位使用燃气的应当安装可燃气体报警装置,未安装的按照第五十三条规定由有关监管部门实施处罚。

(三)拆除塔式起重机违规作业发生高处坠落并瞒报事故案

【基本案情】

2023年2月19日,某市某项目工程在拆除塔式起重机的施工过程中,发生一起高处坠落事故,造成1人死亡,直接经济损失约157万元。事故发生后,施工项目实际负责人简某生未按规定及时报告事故,某县建筑工程质量与安全服务中心接到事故信息报告后未按规定上报，导致政府相关职能部门未能及时协调联动调度救援力量开展应急处置和现场救援等工作，对现场管理和信息发布情况不能及时掌控，给社会造成不良影响。

经调查认定，该公司作业人员王某庆在拆除塔式起重机过程中未悬挂安全带，违规进行高空塔机拆除作业，站立不稳，从约32米的高处坠地。该公司未履行安全生产主体责任，未建立安全管理制度，在进行拆除塔机作业时，未对施工作业人员进行起重机械拆除安全技术交底，未配备专业技术人员进行现场监督。施工作业人员在未取得塔机司机特种作业人员证的前提下擅自操作塔机。事故发生后，有关单位存在瞒报事故的行为。

【案件结果】

该公司法定代表人李某某未履行单位安全生产工作职责，未落实单位安全生产规章制度；未委派专业技术人员进行现场监督，未督促对塔机安装拆除作业进行安全技术交底；督促施工现场安全员实施安全管理监护不到位，对事故的发生负有重要领导责任，有关部门依据《安全生产法》第九十五条第一项之规定对其处以罚款。该公司专职安全生产管理人员李某军，负责13号楼塔机拆除工作现场监督检查，其履行安全生产管理责任不到位，落实安全督查检查工作不到位，对事故的发生负有直接安全生产管理责任，有关部门依据《安全生产法》第九十五条第一项之规定对其处以罚款。该公司未认真落实塔机安装拆卸单位安全生产主体责任，安全生产制度不健全，未对塔机作业人员进行安全技术交底，该县应急管理局依据《安全生产法》第一百一十四条第一款第一项之规定，对其处以罚款。对于在事故调查过程中发现有关部门的公职人员履职方面的问题线索及相关材料，移交纪检监察机关提出处理意见。

【案件评析】

《条例》第二十五条　生产经营单位进行爆破、吊装、动火、临时用电、有限空间作业等国家规定的危险作业,应当安排专门人员进行现场安全管理并遵守下列规定:

(一)确认现场作业条件、作业人员的资格、身体状况以及正确佩戴劳动防护用品;

(二)确认安全防护设备、应急救援装备配备情况,设置作业现场安全区域和安全警示标志,确定统一指挥和管理人员;

(三)进行现场安全风险辨识评估,制定现场作业方案和应急处置措施,向作业人员告知危险因素、作业要求和应急措施;

(四)严格危险作业内部审批和现场查验管理,开展必要的检测、检验;

(五)发现危及人身安全等紧急情况时,采取应急措施,停止作业并撤出人员。

国家对危险作业有其他特殊规定的,还应当遵守其规定。

生产经营单位委托其他单位或者个人进行危险作业的,应当与受托方签订安全生产管理协议,查验其安全生产条件和相应资质,并对受托方安全生产工作统一协调管理。安全生产管理协议应当明确各自的安全生产职责。

第四十七条　发生生产安全事故后,生产经营单位应当立即启动生产安全事故应急救援预案,迅速采取有效措施组织抢救,救治有关人员,防止事故扩大和次生、衍生灾害发生,并在一小时内向事故发生地的应急管理部门和相关负有安全生产监督管理职责的部门报告事故情况。

县级以上人民政府及其有关部门接到生产安全事故报告后,应当按照国家有关规定上报事故情况。

任何单位和个人对生产安全事故不得迟报、漏报、谎报或者瞒报，不得故意破坏事故现场、毁灭有关证据。

危险作业是指容易造成严重伤害事故和财产损失的作业，主要是指各种临时性作业、非生产性作业以及劳动条件恶劣的作业。因此，进行危险作业时，作业人员必须严格按照操作规程进行操作，同时生产经营单位应当采取必要的事故防范措施，以防止生产安全事故的发生。在事故防范措施中，很重要的一项就是安排专门的人员进行作业场所的安全管理。现场安全管理人员一方面可以检查作业场所的各项安全措施是否得到落实，另一方面可以监督从事危险作业的人员是否严格按有关操作规程进行操作。本案中，作业人员在32米的高处进行危险作业，未悬挂安全带，违规进行塔机拆除作业；该公司未对施工作业人员进行起重机械拆除安全技术交底，未配备专业技术人员进行现场监督，均严重违反危险作业的安全管理规定。近年来，因危险作业管理混乱、安全措施不落实导致的事故接连发生。为此，《条例》第二十五条规定生产经营单位进行爆破、吊装、动火、临时用电、有限空间作业等国家规定的危险作业，应当安排专门人员进行现场安全管理并按照规定流程和要求开展危险作业。

发生事故后，现场有关人员应当立即向本单位负责人报告；单位负责人接到报告后，应当立即按规定向事故发生地应急管理部门和负有安全生产监督管理职责的有关部门报告；有关部门接到报告后应逐级上报，对不按规定报送事故信息特别是迟报、谎报或者瞒报的，应当依法依纪严肃查处。事故中，部分公职人员没有依法依规报告事故，被依法追责。

（四）某公司建设项目安全设施设计未按规定报批审查案

【基本案情】

2024年1月26日，某市应急管理局收到"某企业管理有限公司加油站建设项目未批先建"线索，经执法人员现场核查，发现该公司新建加油站项目进行了安全设施设计，但未按规定向有关部门申请同意就已完成建设。执法人员对该公司现场下达了《责令整改指令书》，对未按规定报审的加油站进行了拍照取证，对涉嫌违法的行为作了进一步调查核实，调取了该公司营业执照复印件、法定代表人余某身份证复印件、建设工程规划许可证复印件等相关材料。同时，对该公司新建加油站项目主要负责人等进行了询问，并制作询问笔录，对有关违法事实予以确认。

【案件结果】

该公司上述行为违反了《安全生产法》第三十三条第二款和《条例》第三十五条规定，依据《安全生产法》第九十八条第二项，并参照《江西省应急管理部门安全生产行政处罚裁量适用细则》第二十八项裁量幅度三档的规定，对该公司作出罚款30万元的行政处罚。同时，对该公司项目主要负责人詹某作出罚款3.875万元的行政处罚。

【案件评析】

《安全生产法》第三十三条第二款　矿山、金属冶炼建设项目和用于生产、储存、装卸危险物品的建设项目的安全设施设计应当按照国家有关规定报经有关部门审查，审查部门及其负责审查的人员对审查结果负责。

第九十八条第二项 生产经营单位有下列行为之一的,责令停止建设或者停产停业整顿,限期改正,并处十万元以上五十万元以下的罚款,对其直接负责的主管人员和其他直接责任人员处二万元以上五万元以下的罚款;逾期未改正的,处五十万元以上一百万元以下的罚款,对其直接负责的主管人员和其他直接责任人员处五万元以上十万元以下的罚款;构成犯罪的,依照刑法有关规定追究刑事责任:

(二)矿山、金属冶炼建设项目或者用于生产、储存、装卸危险物品的建设项目没有安全设施设计或者安全设施设计未按照规定报经有关部门审查同意的;

《条例》第三十五条 县级以上人民政府应当根据本行政区域内的安全生产状况,组织有关部门按照职责分工,对容易发生生产安全事故的生产经营单位进行严格检查,依法查处矿山、危险化学品、烟花爆竹、建筑施工、民用爆炸物品、金属冶炼等行业、领域未依法取得有关安全生产许可擅自从事生产经营活动的行为。

生产经营单位新建、改建、扩建工程项目的安全设施,必须与主体工程同时设计、同时施工、同时投入生产和使用,即"三同时"制度。在建设项目的设计施工阶段就应做好生产安全事故的预防工作,对防止和减少生产安全事故,具有重要意义。《安全生产法》规定,矿山、金属冶炼建设项目和用于生产、储存、装卸危险物品的建设项目的安全设施设计应当按照国家有关规定报经有关部门审查,审查部门及其负责审查的人员对审查结果负责。在报批时,应当同时报送安全设施设计文件。本案中,该公司加油站建设项目安全设施设计未按规定报应急管理部门审查就开工且已完成建设,是一起典型的违反安全生产"三同时"制度规定的案件。该案件还是一起"一案双罚"的案例,既对企业进行安全生产处罚,又对未依法履行安全生产职责的企业负责人进行处罚,起到了震慑作用。

(五)某气体有限公司未落实安全风险分级管控和隐患排查治理双重预防工作机制案

【基本案情】

2024年1月25日,某市应急管理局执法人员对某县某气体有限公司进行执法检查,发现该公司存在以下行为:未组织建立并落实安全风险分级管控和隐患排查治理双重预防工作机制,未按要求督促检查安全生产工作和开展隐患排查;气体充装场所有大量烟头,现场使用铁质工具,运输车辆进出厂区未安装阻火器;违反操作规程进行车载充装氩气,违规使用金属管道连接气体装卸口在储罐区进行气体充装;气瓶充装未安装防倒链,气瓶库氧气瓶、乙炔瓶等部分气瓶未套瓶圈、未戴瓶帽。

【案件结果】

依据《安全生产法》第九十四条第一款、第一百零二条的规定,市应急管理局对该公司作出处1.5万元罚款的行政处罚;对该公司主要负责人作出处2.5万元罚款的行政处罚。

【案件评析】

《条例》第二十一条 生产经营单位应当建立健全并落实安全风险分级管控制度,定期组织安全生产管理、工程技术、岗位操作等相关人员,对生产工艺、设施设备、作业环境、人员行为等方面存在的安全风险进行全面、系统辨识评估,对辨识出的安全风险进行分类梳理,确定安全风险等级,从制度、组织、技术、管理、应急等方面逐项制定管控措施,编制风险分级管控清单,按照安全风险等级实施分级管控。

生产经营单位应当建立健全并落实生产安全事故隐患排查治理制度,明确单位各部门(车间)、安全生产管理机构、班组负责人和具体岗位从业人员的事故隐患排查治理责任,定期组织事故隐患排查,编制事故隐患排查治理清单。事故隐患排查治理情况应当如实记录,按照规定建立台账或者信息档案,并通过职工大会或者职工代表大会、信息公示栏等方式向从业人员通报。对事故隐患应当及时采取技术、管理等措施予以消除;对不能及时消除的事故隐患应当采取有效安全防范和监控措施,制定治理方案,明确治理的具体措施、责任、资金、时限和应急预案。

县级以上人民政府负有安全生产监督管理职责的部门应当将重大事故隐患纳入相关信息系统,建立健全重大事故隐患治理督办制度,督促生产经营单位消除重大事故隐患。

《条例》新增构建安全风险分级管控和隐患排查治理双重预防机制的规定,主要目的是坚持把安全风险管控挺在隐患前面,把隐患排查治理挺在事故前面,实现生产经营单位安全风险自辨自控、隐患自查自治,形成政府领导有力、部门监管有效、企业责任落实、社会参与有序的工作格局,主要要求包括:一是坚持关口前移。超前辨识预判岗位、企业、区域安全风险,对辨识出的安全风险进行分类梳理,采取相应的风险评估方法确定安全风险等级,通过实施制度、技术、工程、管理等措施,有效管控各类安全风险。二是强化隐患排查治理。加强过程管控,完善技术支撑、智能化管控、第三方专业化服务的保障措施,通过构建隐患排查治理体系和闭环管理制度,强化监管执法,及时发现和消除各类事故隐患,防患于未然。三是强化事后处置。及时、科学、有效应对各类重特大事故,最大限度减少事故伤亡人数、降低损害程度。本案中,该气体有限公司未组织建立并落实安全风险分级管控和隐患排查治理双重预防工作机制,未开展隐患排查,被"一案双罚",既对企业进行处罚,又对未依法履行安全生产职责的企业负责人进行处罚,起到了震慑作用。

(六)某车厢制作有限公司员工无证违规动火作业案

【基本案情】

2024年1月29日,某县消防救援大队联合某经开区应急管理局等部门在开展消防安全大排查的过程中,发现某车厢制作有限公司6名工作人员正在进行动火作业,现场火光飞溅,且没有专业防护措施,存在消防安全隐患。联合执法小组立即对他们的证件进行核查,发现6名工作人员均没有取得特种作业操作证,属于无证电焊。

【案件结果】

1月30日,县公安局依法给予该企业负责人拘留15日、6名违规动火作业人员拘留5日的行政处罚。相关部门责令该企业停业整顿。

【案件评析】

《安全生产法》第九十七条第七项　生产经营单位有下列行为之一的,责令限期改正,处十万元以下的罚款;逾期未改正的,责令停产停业整顿,并处十万元以上二十万元以下的罚款,对其直接负责的主管人员和其他直接责任人员处二万元以上五万元以下的罚款:

(七)特种作业人员未按照规定经专门的安全作业培训并取得相应资格,上岗作业的。

《消防法》第六十三条　违反本法规定,有下列行为之一的,处警告或者五百元以下罚款;情节严重的,处五日以下拘留:

(一)违反消防安全规定进入生产、储存易燃易爆危险品场所的;

(二)违反规定使用明火作业或者在具有火灾、爆炸危险的场所吸烟、使用明火的。

《消防法》第六十四条第一项 违反本法规定,有下列行为之一,尚不构成犯罪的,处十日以上十五日以下拘留,可以并处五百元以下罚款;情节较轻的,处警告或者五百元以下罚款:

(一)指使或者强令他人违反消防安全规定,冒险作业的;

《条例》第十三条第六项 生产经营单位应当具备有关法律、行政法规和国家标准或者行业标准规定的下列安全生产条件;不具备安全生产条件的,不得从事生产经营活动:

(六)从业人员经过安全生产培训合格,特种作业人员按照国家有关规定经专门的安全作业培训,并取得相应资格;

特种作业人员在工作中接触的危险因素较多,危险性较大,很容易发生生产安全事故。对特种作业人员应当依法进行专门的培训教育,实行严格的管理,减少他们的失误,以保障生产安全。特种作业人员必须接受与本工种相适应的、专门的安全作业培训,经安全作业理论考核和实际操作技能考核合格,取得特种作业操作证后,方可上岗作业;未经培训,或培训考核不合格者,不得上岗作业。本案主要是特种作业人员未持有效资格证件上岗的问题,在处理过程中,事实清楚、证据确凿、程序合法、适用法律正确。企业应正确认识特种作业人员相关培训和取得相应资格的重要性,在生产经营中能够严格审查特种作业人员的相应资格,并做好员工的安全生产教育培训,使每个员工在每个岗位上都知晓自身安全生产职责,从而提高相关从业人员的安全性和专业性。

二 重点知识解读

(一)《条例》的立法背景

安全没有小事,责任重于泰山。随着经济社会的发展,安全生产领域面临的新挑战和新问题不断涌现,原有的法律法规、政策制度已不能完全适应当前形势的需要。近年来,习近平总书记关于安全生产工作的重要论述,提出了新思想、新理念、新要求,党中央、国务院对安全生产工作作出重大决策部署,需要通过修订《条例》进一步贯彻落实。此外,2021年6月修改的《安全生产法》修改力度大、涉及条文多,贯彻新修改的《安全生产法》的相关要求,也需要对《条例》进行相应修订以适应上位法。

近年来,江西省生产安全事故起数、死亡人数持续保持"双下降",但形势依然严峻复杂,各类事故隐患和安全风险交织叠加,安全生产责任落实不到位的问题依然存在。同时,新发展阶段、新发展理念、新发展格局对我省安全生产工作提出了更高的要求,尤其是全省安全生产工作依然面临较多严峻问题,亟须认真总结近年来安全生产领域的实践经验和事故教训。修订《条例》对进一步压实各方安全生产责任,强化安全生产监督管理,完善安全生产保障措施,依法防范化解重大安全生产风险有重要意义。

《条例》是江西省安全生产领域的基础性、综合性法规,对依法加强安全生产工作、保障人民群众生命财产安全发挥了重要的法治保障作用。《条例》于2007年3月制定,2017年7月完成首次修订,2019年9月进行过一次修正。

为进一步认真贯彻习近平总书记关于安全生产工作一系列重要指示精神,贯彻落实党和国家关于安全生产的决策部署,对我省安全生产工作作出切合实际的法规性制度安排,建立健全安全生产责任体系,构建安全风险防范机制,2023年对《条例》进行了较大幅度的修订。《条例》修改前共六章七十二条,修改后共六章五十七条,分别为总则、生产经营单位的安全生产保障、安全生产的监督管理、生产安全事故应急救援和调查处理、法律责任和附则。

(二)《条例》的重要条款解读

1."三管三必须"原则

《条例》第三条　安全生产工作坚持中国共产党的领导。

安全生产工作应当以人为本,坚持人民至上、生命至上,统筹发展和安全,把保护人民生命安全摆在首位,树牢安全发展理念,坚持安全第一、预防为主、综合治理的方针,从源头上防范化解重大安全风险。

安全生产工作实行管行业必须管安全、管业务必须管安全、管生产经营必须管安全,强化和落实生产经营单位主体责任与政府监管责任,建立生产经营单位负责、职工参与、政府监管、行业自律和社会监督的机制。

第五条　生产经营单位的主要负责人是安全生产第一责任人,对本单位安全生产工作负全面责任;安全生产分管负责人协助本单位主要负责人履行安全生产管理职责;分管技术负责人负相关安全生产技术决策和指挥责任;其他负责人对分管范围内的安全生产工作负直接责任。

第七条　安全生产工作实行党政领导干部安全生产责任制,党政主要负责人是本辖区安全生产第一责任人,其他负责人对分管范围内的安全生产工作负领导责任。

各级设立的安全生产委员会负责研究部署、统筹协调和督促指导、检查安全生产工作,其日常工作由本级应急管理部门承担。根据工作需要,各级安全生产委员会可以设立专业委员会,对特定重点行业、领域安全生产工作统筹协调指导。

第三十四条 县级以上人民政府有关部门按照下列规定履行安全生产工作职责:

(一)负有安全生产监督管理职责的部门履行相关行业、领域安全生产监督管理职责,查处生产经营单位违法行为;

(二)行业主管部门履行相关行业安全生产管理职责,应当从行业规划、产业政策、法规标准、行政许可等方面加强行业安全生产工作,督促指导本行业生产经营单位的安全管理;

(三)企业主管部门履行所属企业安全生产管理职责,应当将安全生产纳入所属企业人事管理、资产和绩效管理中,监督考核、督促指导所属企业的安全管理;

(四)其他有关部门做好职责范围内涉及的安全生产工作,在职责范围内为安全生产工作提供支持保障。

县级以上人民政府有关部门不得将应由本部门履行的安全生产监督管理等工作职责推诿给其他部门。

《条例》修订增加安全生产"三管三必须"原则的规定,即管行业必须管安全、管业务必须管安全、管生产经营必须管安全,进一步明确了各方的安全生产责任,有利于加强协作,形成完善的责任体系。"三管三必须"原则厘清了安全生产综合监管与行业监管的关系,明确了各有关部门安全生产工作职责,并落实到部门工作职责规定中。同时,也明确了生产经营单位的决策层和管理层的安全管理职责。

首先,对于生产经营单位而言,主要负责人是安全生产的第一责任人,其他负责人要按照管业务必须管安全、管生产经营必须管安全的要求,结合分管的业务,对安全生产工作承担一定职责,比如分管财务的负责人要结合自身业务依法加强安全生产投入,对投入不到位的要依法追责。很多企业都有管生产的副总经理,但是副总经理不能只抓生产,不顾安全,应在抓生产的同时抓好安全,否则发生生产安全事故后也要承担相应的责任。

其次,对于监管部门而言,负有安全生产监督管理职责的部门、行业主管部门、企业主管部门和其他有关部门要在各自的职责范围内,依法依规履行安全生产工作职责。在厘清责任、分清界限的同时,"三管三必须"原则还要求各有关部门之间相互配合、齐抓共管、信息共享、资源共用,依法加强安全生产监督管理工作,切实形成监管合力。

最后,对于党委政府而言,实行党政领导干部安全生产责任制。《江西省党政领导干部安全生产责任制实施细则》规定,实行党政领导干部安全生产责任制,应当坚持党政同责、一岗双责、齐抓共管、失职追责,坚持管行业必须管安全、管业务必须管安全、管生产经营必须管安全。全省各级党委和政府主要负责人是本地方安全生产第一责任人,班子其他成员对分管范围内的安全生产工作负领导责任。

2.安全生产监督管理体制

《条例》第九条　县级以上人民政府应急管理部门依法对本行政区域内的安全生产工作实施综合监督管理,指导协调、监督检查本级人民政府有关部门和下级人民政府安全生产工作,承担职责范围内行业、领域安全生产监督管理工作。

县级以上人民政府有关部门依照有关法律、法规的规定,在各自的职责范围内对有关行业、领域的安全生产工作实施监督管理。

对新兴行业、领域的安全生产监督管理职责不明确的,由县级以上人民政府按照业务相近的原则确定监督管理部门;涉及安全生产监督管理职能交叉不明晰的行业、领域的,由县级以上人民政府确定监督管理部门,明确监督管理工作职责。

应急管理部门和对有关行业、领域的安全生产工作实施监督管理的部门,统称负有安全生产监督管理职责的部门。

安全生产监督管理体制是安全生产制度体系建设的重要内容。在加强行业、领域监督管理的基础上,此次修订对新兴行业、领域监管职责不明确时的处理原则和安全生产监督管理职能交叉不明晰之处作了规定,进一步充实和完善了安全生产监督管理体制的内容。

一是应急管理部门的安全生产监督管理职责。县级以上地方各级人民政府应急管理部门负责安全生产综合监督管理和工矿商贸行业安全生产监督管理等职能。应急管理部门综合监管职责主要包括两个方面:一方面是承担本级安全生产委员会的日常工作;另一方面是指导协调、监督检查、巡查考核本级政府有关部门和下级政府安全生产工作。

二是其他有关部门的安全生产监督管理职责。除应急管理部门外,县级以上人民政府有关部门依照法律、行政法规、地方性法规以及本部门"三定"方案,对有关行业、领域的安全生产工作实施监督管理。例如,交通运输部门承担水上交通安全监管责任,指导公路、水路行业安全生产和应急管理工作等;住房和城乡建设部门承担建筑工程质量安全监管责任,拟订建筑安全生产和竣工验收备案的政策、规章制度并监督执行,组织或参与安全事故的调查处理等;水利部门负责水利行业安全生产工作,指导监督水利工程建设与运行管理,组织工程验收等有关工作等。

三是新兴行业、领域监管职责不明确时的处理原则。随着经济社会的快速发展,一些新兴行业、领域性质特殊、情况复杂,在安全生产监管上可能涉及多个部门。比如,平台经济中的外卖行业,涉及食品安全、交通安全、网络安全等多个领域。按照现有的规定,这些新兴的行业、领域可能一时难以归入某个具体的部门进行专门监管。为防止部门之间互相推责而形成监管盲区,县级以上地方人民政府明确监督管理部门或者确定牵头的监督管理部门。涉及安全生产监督管理职能交叉不明晰的行业、领域的,规定由县级以上人民政府明确各自监督管理工作职责。

3.生产经营单位应当具备的安全生产条件

《条例》第十三条 生产经营单位应当具备有关法律、行政法规和国家标准或者行业标准规定的下列安全生产条件;不具备安全生产条件的,不得从事生产经营活动:

(一)生产经营场所和设施、设备、工艺符合有关安全生产法律、行政法规的规定和有关国家标准或者行业标准的要求;

(二)安全生产规章制度和操作规程健全;

(三)保证安全生产所必需的资金投入;

(四)设置安全生产管理机构或者配备安全生产管理人员;

(五)主要负责人和安全生产管理人员具备与生产经营活动相适应的安全生产知识和管理能力;

(六)从业人员经过安全生产培训合格,特种作业人员按照国家有关规定经专门的安全作业培训,并取得相应资格;

(七)为从业人员配备符合国家标准或者行业标准的劳动防护用品;

(八)有生产安全事故应急救援预案,根据法律、行政法规的规定建立应急救援组织,配备应急救援人员和必要的救援器材、设备和物资;

(九)法律、行政法规和国家标准或者行业标准规定的其他安全生产条件。

生产经营单位要保证生产经营活动安全进行,防止和减少生产安全事故的发生,必须在生产经营设施、设备、人员素质、管理制度、采用的工艺技术等方面达到相应的要求,具备必要的安全生产条件。《条例》第十三条将有关法律、行政法规和国家标准或者行业标准规定的安全生产条件进行了归纳,具体列举了八项条件,这是任何一个生产经营单位都必须具备的最基本的条件。一些行业、领域生产经营单位在此基础上还需符合其他特殊条件。此外,《安全生产许可证条例》规定,国家对矿山企业、建筑施工企业和危险化学品、烟花爆竹、民用爆炸物品生产企业实行安全生产许可证制度。该类企业开展生产经营活动前必须具备安全生产条件,取得安全生产许可证。

4.推动全民参与安全生产

《条例》第十一条　各级人民政府和有关部门、生产经营单位应当加强安全文化建设,开展安全生产法律、法规和安全生产知识的宣传,进行安全生产警示教育,组织群众性安全文化活动,增强全社会的安全生产意识。

省人民政府教育、人力资源和社会保障等部门应当按照各自职责将安全生产知识普及纳入国民教育,建立和完善学校安全教育和高危行业职业安全教育体系,将安全生产纳入相关技能考核和就业培训内容。

党校(行政学院)等应当将安全生产监督管理知识纳入各级领导干部培训内容。鼓励、支持高等学校和中等职业学校等加强安全生产科学技术研究,设置安全生产管理相关专业或者培训项目,培养安全生产相关专业人才。

广播、电视、报刊、网络等各类媒体应当开展安全生产公益宣传,及时报道安全生产情况,加强对安全生产工作和安全生产违法行为的舆论监督。

2024年全国"安全生产月"的主题为"人人讲安全、个个会应急——畅通生命通道",对提升全民安全意识和应急技能都提出了要求。每个人都参与到安全生产中来,社会才会更安全、更美好。毕竟相关部门检查力度再大,其触及的范围也有限,难免存在盲区;社会救援力量再强,速度也比不上现场一线的居民。发现有大楼失火、山体泥石流滑坡等,一名群众喊一嗓子,就可能救一栋楼或一村子的群众。为此,加强全社会安全生产宣传教育工作显得尤为迫切。

安全生产宣传教育是一项综合性、系统性、基础性工作。通过安全生产宣传教育,积极营造浓厚的安全氛围,提升全民安全素质,进而提高全社会整体安全水平。《条例》进一步明确了各方安全生产宣传教育的责任,各有关部门还应深入开展安全生产法律法规、安全知识、事故警示等的宣传教育,积极广泛开展面向群众的安全教育活动,推动安全知识、安全常识进企业、进学校、进机关、进社区、进农村、进家庭,不断提高党政干部安全生产法治观念和能力水平,使人民群众充分认识到安全生产的重要性,自觉遵守安全生产法律法规,营造人人关注安全、关爱生命的社会氛围。

5.落实一线从业人员安全生产责任

《条例》第十四条　生产经营单位的主要负责人、管理人员应当履行安全生产职责,不得有下列行为:

(一)指挥、强令或者放任从业人员违章、冒险作业;

(二)超过核定的生产能力、生产强度或者生产定员组织生产;

(三)违反操作规程、生产工艺、技术标准或者安全管理规定组织作业;

(四)法律、法规禁止的其他行为。

第十五条　生产经营单位应当实行全员安全生产责任制,编制全员安全生产责任清单,明确各岗位的责任人员、责任范围和考核标准等内容,加强对全员安全生产责任制落实情况的监督考核,把安全生产工作纳入生产经营全过程。

生产经营单位应当强化以岗位为核心的安全生产管理,强化一线操作人员的岗位责任落实。设有车间和班组的,应当加强车间和班组建设,落实车间主任(工段长、区长、队长、项目经理)和班组长安全生产管理责任。

生产经营单位应当将接受其作业指令的劳务派遣和灵活就业人员纳入本单位从业人员安全生产统一管理,履行安全生产保障责任。

第十八条 从业人员在作业前应当按照规定对本岗位有关事项进行安全检查,确认安全后方可作业。从业人员在作业过程中,应当严格落实岗位安全责任,遵守本单位的安全生产规章制度和操作规程,服从管理,正确佩戴和使用劳动防护用品。当次作业结束后,从业人员应当对本岗位负责的设施、设备、工具、作业场地、物品存放等进行安全检查,确认安全后方可离岗。

从业人员发现事故隐患或者其他不安全因素,应当立即向现场安全生产管理人员或者本单位负责人报告;接到报告的人员应当及时予以处理。

当前,生产经营单位一线从业人员安全意识淡薄、安全责任缺失、安全技能不足等问题依然突出,一线从业人员"三违"行为是导致各类生产安全事故的普遍原因。《条例》就一线从业人员安全生产责任专门作出规定,抓住了安全生产工作的关键环节和矛盾的主要方面,有利于规范和指导生产经营单位压实安全生产责任,进一步防止和减少生产安全事故。

一线从业人员主要包括直接从事生产作业活动的生产班组负责人和岗位员工等,是履行其安全生产责任的直接责任人。生产经营单位要切实扛起安全生产主体责任,落实责任、加强管理、监督考核。《条例》细化规定了全员安全生产责任制,强化以岗位为核心的安全生产管理,加强车间主任(工段长、区长、队长、项目经理)和班组建设。生产经营单位的主要负责人、管理人员不得指挥、强令或者放任从业人员违章、冒险作业,不得超过核定的生产能力、生产强度或者生产定员组织生产,不得违反操作规程、生产工艺、技术标准或者安全管理规定组织作业。同时,对从业人员作业全过程进行规定。

6. 构建安全风险分级管控和隐患排查治理双重预防机制

凡事预则立,不预则废。安全风险分级管控和隐患排查治理双重预防工作机制,是贯彻落实坚持源头防范的重要预防措施。安全风险是事故发生可能性和后果严重程度的综合。风险是客观存在的,针对不同的风险应当采取不同的管控手段进行控制,确保风险不会演变为事故。为提高风险管控效能,节约管理成本,应当对风险进行分级,以便选择最优管控手段。事故隐患是指生产经营单位在生产设施、设备以及安全管理制度等方面存在的可能引发事故的各种自然或者人为因素,包括物的不安全状态、人的不安全行为以及管理上的缺陷等。隐患是导致事故的根源,隐患不除,事故难断。

《条例》细化了安全风险分级管控和隐患排查治理双重预防工作机制的具体要求。双重预防工作机制是生产经营单位构筑防范生产安全事故的两道防火墙,至关重要。第一道防火墙"预防"即把风险管控好,不让风险管控措施出现隐患;第二道防火墙"预防"即对风险管控措施出现的隐患及时发现、及时治理,把风险控制在隐患形成之前,把隐患消灭在事故之前。当前,生产经营单位在构建双重预防机制方面还存在不平衡问题,部分生产经营单位还存在责任主体不明晰、机制构建不健全、风险分级和隐患排查不规范等问题。针对存在的问题,《条例》将江西省关于加强双重预防机制的有关制度和行之有效的做法上升为法规,规定了具体操作步骤和要求,对不落实责任的还设置了相应罚则,具有现实可操作性,能够提升生产经营单位安全生产整体防控能力。

7. 落实分类分级监督管理要求

《条例》第三十七条　省人民政府应急管理部门应当根据本省实

际,结合生产经营单位的隶属关系、规模划分、风险等级等因素,制定本省安全生产分类分级监督管理的规定。

县级以上人民政府负有安全生产监督管理职责的部门应当根据职责分工,按照分类分级监督管理的要求,制定并实施安全生产年度监督检查计划。

乡(镇)人民政府和街道办事处,以及开发区、工业园区、港区、风景区等管理机构,应当根据负有安全生产监督管理职责的部门制定的安全生产年度监督检查计划,制定本辖区内安全生产年度监督检查计划并实施。

列入上级机关安全生产年度监督检查计划的企业,下级人民政府及其派出机关、负有安全生产监督管理职责的部门仍负有属地监督管理职责。

关于安全生产分类分级监督管理的规定,是此次《条例》修订新增的内容。分类分级监管能够提高监管效能,防止多头、重复执法,从而形成高效有序的安全生产监管模式。江西省安全生产委员会于2018年印发《江西省生产经营单位安全生产分类分级监督管理办法》,探索建立高效有序的安全生产监管模式。分类,是指根据生产经营单位不同的危险性质,划分不同的行业或者领域类别。根据生产经营单位经济属性、隶属关系、经济规模进行划分,对生产经营单位进行分类,并以此作为明确级别管辖的依据。分级,是指根据生产经营单位存在的可能引发生产安全事故的风险程度,对其进行等级评估,确定事故风险等级。生产经营单位分为四个风险等级:一级为重大风险,二级为较大风险,三级为一般风险,四级为轻度风险。根据"三管三必须"原则和分类分级评定结果,对生产经营单位实施差异化监督管理。

在分类分级的基础上,统筹分析辖区内行业领域安全风险状况、企业规模、执法难度以及各层级执法能力水平等情况,明确省、市、县三级执法管辖权限,确定各级执法管辖企业名单,原则上一家企业对应一个层级的执法主体。负有安全生产监督管理职责的部门应当根据本部门执法人员的数量、装备配备、执法区域的范围和生产经营单位的数量、分布、生产规模以及安全生产状况等因素科学、合理地制订年度监督检查计划。

三 热点问题聚焦

(一)夯实安全生产基层基础

乡(镇)、街道以及开发区,广泛分布着大量中小企业,其中不乏从事高危行业领域生产经营活动的企业,部分企业规模较小、安全基础薄弱、人员素质参差不齐、安全管理水平低下,极易发生生产安全事故。乡(镇)、街道以及开发区等管理机构面临的安全生产工作任务比较重,但是仍存在监管体制不健全、职责不清、责任不落实等问题。为了补短板,《条例》规定乡(镇)人民政府和街道办事处,以及开发区、工业园区、港区、风景区等管理机构,应当根据安全生产工作的需要,明确负责安全生产监督管理的机构和人员,按照职责加强对本辖区内生产经营单位安全生产状况的监督检查,协助人民政府有关部门或者按照授权依法履行安全生产监督管理职责。

为了进一步规范乡(镇)、街道以及开发区等的安全生产监督检查职权,《条例》还规定乡(镇)人民政府和街道办事处,以及开发区、工业园区、港区、风景区等管理机构,对本辖区内生产经营单位进行安全生产监督检查时行使的职权以及相关程序。

同时,进一步发挥基层基础作用,规定村民委员会、居民委员会在乡(镇)人民政府、街道办事处的指导下,协助做好安全生产宣传、信息报送、事故善后处理等工作,发现事故隐患或者安全生产违法行为,应及时向当地人民政府或者有关部门报告。

(二)针对易发、频发事故作出特别规定

《条例》吸取近年来燃气、经营性自建房等行业、领域生产安全事故教训,有针对性地作出规定,着力从法规制度上推动解决安全生产的薄弱环节和突出问题。

(1)针对近年来省内外餐饮等行业发生的燃气爆炸事故,如宁夏银川富洋烧烤店"6·21"特别重大燃气爆炸事故、湖北十堰"6·13"重大燃气爆炸事故、赣州市经济技术开发区"10·29"爆炸事故等,给人民群众生命财产造成重大损失,《条例》规定餐饮等行业的生产经营单位使用燃气的应当安装可燃气体报警装置,设区的市和县级人民政府按照国家有关规定确定安装可燃气体报警装置的监管部门。鼓励其他使用燃气的用户安装可燃气体报警装置。

(2)针对一线从业人员"三违"导致的事故,《条例》规定生产经营单位应当实行全员安全生产责任制,编制全员安全生产责任清单,明确各岗位的责任人员、责任范围等内容,加强监督考核,把安全生产工作纳入生产经营全过程。生产经营单位应当强化以岗位为核心的安全生产管理,并明确其职责,加强车间主任(工段长、区长、队长、项目经理)和班组建设。生产经营单位应当将接受其作业指令的劳务派遣和灵活就业人员纳入本单位从业人员安全生产统一管理,履行安全生产保障责任。

(3)针对经营性自建房存在较多隐患、极易导致倒塌事故,《条例》规定要落实主体责任,坚持产权人为房屋安全第一责任人,严格落实产权人和经营管理者安全责任,利用自建房从事生产经营活动的,

产权人或者经营管理者在办理相关经营许可、开展经营活动前,应当依法取得房屋安全鉴定合格证明,经鉴定为危险房屋的不得用作经营。对自建房擅自改扩建、更改承重结构的,不得用于生产经营活动。

(4)针对近年来有限空间作业且施救不当导致伤亡扩大的事故,《条例》规定生产经营单位进行储罐、污水池、发酵池、下水道等有限空间作业的,应当落实必要的安全措施,还规定村民委员会、居民委员会应当协助上级部门加强污水池、发酵池等有限空间作业人员的安全警示提醒。

(5)针对近年来广告牌突从"天"降砸伤路人的事故,《条例》规定生产经营单位设置户外广告设施、牌匾标识的,应当符合标准、规范,并进行经常性检查和维护。物业服务企业或者其他管理人员应当对服务区域内的消防设施、充电桩、电梯、电线杆、墙体以及构件、广告牌匾、树木等开展日常巡查,及时消除隐患。

(6)针对屡见报端的高风险旅游项目相关事故,《条例》规定空中、高速、水上、潜水、探险等高风险旅游以及高危险性体育项目的经营者,应当制定并落实安全操作规程,对涉及人身安全的设施、设备进行日常安全维护保养和使用前的安全检查,保证旅游、体育设施、设备完好和运转正常。

(三)加强危险作业管理

爆破、吊装、动火、临时用电作业具有较大的危险性,容易发生事故,而且一旦发生事故,将会对作业人员和其他有关人员造成较大的伤害。近年来,因危险作业管理混乱、安全措施落实不到位导致的事故接连发生。为此,《条例》规定生产经营单位进行爆破、吊装、动火、临时用电、有限空间作业等国家规定的危险作业,应当安排专门人员进行现场安全管理,并遵守五个方面的具体规定。生产经营单位委托其他单位或者个人进行危险作业的,应当与受托方签订安全生产管理协议,查验其安全生产条件和相应资质,并对受托方安全生产工作统一协调管理。

(四)坚持严格执法与指导服务并重

《条例》规定,对于存在五类严重违法行为的责任主体,依据法律、法规的规定记入信用记录,并依法实施失信惩戒。着力优化营商环境,以高水平安全服务高质量发展,规定坚持严格执法与指导服务并重,注重为生产经营单位提供法律服务、安全咨询和整改指导。开展安全生产清理整顿、专项整治等活动,应当严格依法进行,除法律、行政法规有明确规定外,各级人民政府及其有关部门不得在相关区域要求相关行业、领域的市场主体普遍停产、停业。

此外,《条例》规定,省人民政府负有安全生产监督管理职责的部门应当提升安全生产监督管理的数字化水平,统筹推进本行业、领域安全生产风险监测预警、隐患排查等系统建设,加强安全生产数据共享和业务协同,提升安全风险管控、事故隐患治理和应急处置的效能。

(五)加强安全生产"打非治违"

《条例》修订新增了重点查处矿山、金属冶炼、建筑施工、交通运输、危险化学品、烟花爆竹、民用爆炸物品等行业、领域未依法取得有关安全生产许可擅自从事生产经营活动的行为的要求,即吸取事故教训,开展"打非治违"。高危行业、领域应当依法取得安全生产许可,方能进行生产经营活动,这是保证安全生产的前提。当前,未取得安全生产许可非法从事特定生产经营活动造成事故的现象仍时有发生,对安全形势造成不利影响。开展安全生产"打非治违",县级以上人民政府及其有关部门应当根据本行政区域生产经营活动的特点、分布区域、人员结构等情况,全面了解、掌握本行政区域安全生产状况,分析可能发生生产安全事故的途径、危害程度以及影响范围,按照各有关部门的职责分工组织相应行业、领域的安全检查,严格查处安全生产非法违法行为。

(六)加强生产安全事故应急救援

《条例》从预案制定、应急救援组织、事故报告和处置、救援流程和调查处理等方面,对生产安全事故的应急救援与调查处理作了全流程的规定;明确各级人民政府以及开发区、工业园区、港区、风景区等管理机构及生产经营单位生产安全事故应急救援预案制定和演练要求,并对发生生产安全事故后,生产经营单位、有关地方人民政府及其部门各自应采取的应急救援措施进行了细化,要求任何单位和个人对生产安全事故不得迟报、漏报、谎报或者瞒报;明确上级人民政府可以调查由下级人民政府负责调查的生产安全事故的情形等,不断提高安全生产应急救援能力。

第六章
江西省农作物种子条例

（法律条文）

（自测题）

《江西省农作物种子条例》(本章内简称的《条例》均指《江西省农作物种子条例》)于2023年11月30日经江西省十四届人民代表大会常务委员会第五次会议审议通过,自2024年3月1日起施行。《江西省农作物种子条例》对标对表党中央、国务院决策部署,严格落实省委、省政府实施种业振兴行动的工作要求,立足江西省种业发展特点和实际,聚焦问题导向,将种业振兴的具体措施和扶持政策上升为法律制度,以法治之力促进江西省种业高质量发展,助力打好种业翻身仗,为粮食和重要农产品稳定安全供给提供强有力的法治保障。

一 典型案例分析

（一）李某等人未取得种子生产经营许可证生产经营假种子案

【基本案情】

2023年3月13日，某市农业农村局收到A地农业农村局报告，称该市某街道李某等人涉嫌生产经营假劣水稻种子，问题水稻种子数量巨大。因正值春耕备耕的关键时期，假劣种子下田后，将给农户带来巨大损失。鉴于案情复杂、影响重大，市农业农村局对该案进行直接管辖，抽调精干执法人员组成专案组，第一时间开展调查，尽力尽快查清违法事实，全力避免假劣种子下田。后经立案调查，查明李某、蒋某、邓某等人，自2020年以来，在未取得种子生产经营许可证的情况下，将自己生产的水稻种子(主要是常规稻)，通过假牌、冒牌等方式，生产为成品包装水稻种子，通过组织召开"现场会""观摩会""订单农业"等方式，委托乡镇一级农资经销商销售等形式，在A、B等地兜售。至案发时，当事人无证生产了8个品种的水稻种子，共计3.36万公斤，货值金额99.96万元。其中4个品种被依法鉴定为假种子，共计3.3万公斤(预计播种面积1.6万亩，可能造成经济损失2000余万元)，货值金额96.72万元，违法所得15.04万元；1个品种涉嫌侵犯某授权品种，市农业农村局已函告品种权人。因当事人的行为涉嫌犯罪，2023年4月，市农业农村局依法将该案移送公安机关处理。

【案件结果】

该案由 A 地公安局某分局侦办终结,并以涉嫌生产、销售伪劣产品罪移交检察院依法起诉。2023 年 9 月,A 地人民法院以生产、销售伪劣产品罪,判处李某有期徒刑三年,并处罚金 10 万元;以生产、销售伪劣产品罪,判处蒋某有期徒刑一年六个月,缓刑二年,并处罚金 2 万元;以销售伪劣产品罪,判处邓某有期徒刑十个月,缓刑一年,并处罚金 2 万元。

【案件评析】

《种子法》第四十八条 禁止生产经营假、劣种子。农业农村、林业草原主管部门和有关部门依法打击生产经营假、劣种子的违法行为,保护农民合法权益,维护公平竞争的市场秩序。

下列种子为假种子:

(一)以非种子冒充种子或者以此种品种种子冒充其他品种种子的;

(二)种子种类、品种与标签标注的内容不符或者没有标签的。

下列种子为劣种子:

(一)质量低于国家规定标准的;

(二)质量低于标签标注指标的;

(三)带有国家规定的检疫性有害生物的。

第七十四条 违反本法第四十八条规定,生产经营假种子的,由县级以上人民政府农业农村、林业草原主管部门责令停止生产经营,没收违法所得和种子,吊销种子生产经营许可证;违法生产经营的货值金额不足二万元的,并处二万元以上二十万元以下罚款;货值金额二万元以上的,并处货值金额十倍以上二十倍以下罚款。

因生产经营假种子犯罪被判处有期徒刑以上刑罚的,种子企业或者其他单位的法定代表人、直接负责的主管人员自刑罚执行完毕之日起五年内不得担任种子企业的法定代表人、高级管理人员。

《条例》第二十二条　农作物种子生产经营依法实行许可制度。

农作物种子生产经营许可管理按照国家有关规定执行。

第二十七条　销售的农作物种子应当符合国家或者行业标准,附有标签和使用说明。标签和使用说明标注的内容应当与销售的种子相符。农作物种子生产经营者对标注内容的真实性和种子质量负责。

第二十八条　有下列情形之一的主要农作物品种,不得推广、销售:

(一)应当审定的农作物品种未经审定的;

(二)通过审定的主要农作物品种不在适宜种植区域内的;

(三)经省级以上人民政府农业农村主管部门公告撤销审定的;

(四)其他依法不得推广、销售的。

种子是重要的农业生产资料,直接关系农业生产安全和农民权益。生产经营假种子严重扰乱种子市场秩序,给农业生产安全带来极大隐患。本案当事人同时存在未取得种子生产经营许可证生产种子、生产假水稻种子、侵犯植物新品权等多个违法犯罪行为,涉案问题水稻种子品种多、数量大,违法犯罪行为隐蔽。案发时,正值春耕备耕关键时节,农业农村部门抽调精干执法人员组成专案组查清违法犯罪事实,及时移送公安机关处理。农业农村、公安、检察院、法院等部门通力协作,共同打击种子领域违法犯罪行为,依法追究当事人刑事责任,及时有效地维护了农民利益、保障了粮食安全。

(二)某种子经营部经营劣种子案

【基本案情】

2021年1月,某市农业农村局接到A区农业农村局关于劣种子的案件线索移送函,后经市农业农村局立案调查,查明该市B区某种子经营部所销售的"潭两优××"为劣种子,其中种子发芽率实测结果为46%,不符合普通水稻种子发芽率不得低于80%的国家标准。B区该种子经营部共购进"潭两优××"种子1530公斤,总计退回了1218公斤,该批次涉案种子实际销售312公斤,违法所得7800元,货值38250元。

【案件结果】

对该种子经营部经营劣种子的行为,市农业农村局依据《种子法》第七十六条第一款规定(2021年修正后的《种子法》第七十五条第一款),责令当事人停止经营劣质种子,并作出如下处罚决定:没收违法所得7800元,处货值金额五倍即191250元罚款。

【案件评析】

《种子法》第七十五条 违反本法第四十八条规定,生产经营劣种子的,由县级以上人民政府农业农村、林业草原主管部门责令停止生产经营,没收违法所得和种子;违法生产经营的货值金额不足二万元的,并处一万元以上十万元以下罚款;货值金额二万元以上的,并处货值金额五倍以上十倍以下罚款;情节严重的,吊销种子生产经营许可证。

因生产经营劣种子犯罪被判处有期徒刑以上刑罚的,种子企业或者其他单位的法定代表人、直接负责的主管人员自刑罚执行完毕之日起五年内不得担任种子企业的法定代表人、高级管理人员。

《条例》第二十七条　销售的农作物种子应当符合国家或者行业标准,附有标签和使用说明。标签和使用说明标注的内容应当与销售的种子相符。农作物种子生产经营者对标注内容的真实性和种子质量负责。

第三十二条　县级以上人民政府农业农村主管部门应当依法加强对农作物种子质量的监督检查。农作物种子生产经营者应当配合。

县级以上人民政府农业农村主管部门可以委托农作物种子质量检验机构对农作物种子质量进行检验。

对农作物种子质量的监督检查,不得收取费用。

在本案中,该种子经营部经营的"潭两优××"种子发芽率实测结果为46%,远低于普通水稻种子发芽率不得低于80%的国家标准,根据《种子法》第四十九条规定(2021年修正后的《种子法》第四十八条),属于劣种子。农业农村主管部门联合有关部门依法打击生产经营假、劣种子的违法行为,保护农民合法权益,依法维护公平竞争的种子市场秩序,保障粮食生产。

(三)某种业经营部侵犯植物新品种权案

【基本案情】

2021年6月,某市农业农村局接到某种业公司举报,位于该市的某种业经营部销售的某水稻品种为假冒该种业公司生产的品种。经调查核实,该种业经营部未经种业公司许可,擅自从外省欧某处购进并销售了假冒该种业公司品种的水稻种子。截至案发时,该种子经营部共购进涉案种子300公斤,销售277公斤,侵犯了种业公司的植物新品种权。

【案件结果】

2021年9月,市农业农村局依据《种子法》第七十三条第五款(2021年修正后的《种子法》第七十二条第六款)规定,对该种业经营部作出了"没收仿冒某品种水稻种子,没收违法所得9141元,罚款45000元"的行政处罚,并将其从外省欧某处购进该种子的违法线索移送外省属地农业农村主管部门。外省属地农业农村主管部门收到违法线索后,成功捣毁了制售假冒授权品种种子的生产窝点。

【案件评析】

《种子法》第二十八条第一款　植物新品种权所有人对其授权品种享有排他的独占权。植物新品种权所有人可以将植物新品种权许可他人实施,并按照合同约定收取许可使用费;许可使用费可以采取固定价款、从推广收益中提成等方式收取。

第七十二条第六款　县级以上人民政府农业农村、林业草原主管部门处理侵犯植物新品种权案件时,为了维护社会公共利益,责令侵权人停止侵权行为,没收违法所得和种子;货值金额不足五万元的,并处一万元以上二十五万元以下罚款;货值金额五万元以上的,并处货值金额五倍以上十倍以下罚款。

第七十二条第七款　假冒授权品种的,由县级以上人民政府农业农村、林业草原主管部门责令停止假冒行为,没收违法所得和种子;货值金额不足五万元的,并处一万元以上二十五万元以下罚款;货值金额五万元以上的,并处货值金额五倍以上十倍以下罚款。

《条例》第三十一条　县级以上人民政府农业农村主管部门应当

加强对农作物种子生产和经营的监督管理,依法惩处违法生产经营农作物种子、侵犯植物新品种权等行为。

种业振兴关乎国家战略安全,国家高度重视种业发展和种业知识产权保护工作。植物新品种权保护是对植物新品种良性发展的一种保护手段,也是维护种子市场秩序的重要手段。根据《种子法》第二十八条第二款规定,除法律、行政法规另有规定外,任何单位或者个人未经植物新品种权所有人许可,不得生产、繁殖和为繁殖而进行处理、许诺销售、销售、进口、出口以及为实施上述行为储存该授权品种的繁殖材料,不得为商业目的将该授权品种的繁殖材料重复使用于生产另一品种的繁殖材料。

本案是一个保护植物新品种权的典型案例。根据《种子法》,农业农村主管部门责令该种业经营部停止侵权行为,并给予其没收违法所得、没收种子和罚款的行政处罚。同时,通过案件线索移送的方式,由属地主管部门彻底铲除外省制售假冒授权品种的窝点,有力地维护了植物新品种权人的合法权益,净化了种子市场环境,达到了较好的警示效果。本案提醒种业生产经营者应尊重知识产权,遵守相关法律法规,通过合法途径实现合作共赢,推进种业市场健康发展。

(四)王某某、于某某经营假种子案

【基本案情】

2019年6月20日,某市A区农业农村粮食局接群众举报,该区某镇农户从于某某处购买的种子出现不抽穗现象。经立案调查,于某某与王某某签订稻种订购合同,由王某某提供4000公斤水稻种子给于某某。王某某在外省购买了4000公斤稻种拆包后重新包装,但未按国家规定标注种子类别、品种名称、品种适宜种植区域及季节等事项。于某某收到稻种后,将稻种销售给某镇56户农户栽种,后受到多名农户投诉种子出现不抽穗现象。经现场鉴定,农户受损面积为1100.68亩,造成直接经济损失42万余元。区农业农村粮食局会同有关部门组织调解,王某某、于某某赔偿农户经济损失42万元。同时,区农业农村粮食局依法将该案移送公安机关处理。

【案件结果】

2020年1月20日,该市A区人民检察院对王某某、于某某提起刑事诉讼。区人民法院经审理认定,被告人王某某、于某某明知销售的是假种子,其行为使农业生产遭受重大损失,均已构成销售伪劣种子罪。2020年3月31日,法院作出刑事判决,以销售伪劣种子罪,判处王某某有期徒刑二年六个月,缓刑三年,并处罚金6万元;判处于某某有期徒刑二年,缓刑二年六个月,并处罚金6万元。

【案件评析】

《种子法》第四十八条 禁止生产经营假、劣种子。农业农村、林业草原主管部门和有关部门依法打击生产经营假、劣种子的违法行为,保护农民合法权益,维护公平竞争的市场秩序。

下列种子为假种子:

(一)以非种子冒充种子或者以此种品种种子冒充其他品种种子的;

(二)种子种类、品种与标签标注的内容不符或者没有标签的。

下列种子为劣种子:

(一)质量低于国家规定标准的;

(二)质量低于标签标注指标的;

(三)带有国家规定的检疫性有害生物的。

第七十四条　违反本法第四十八条规定,生产经营假种子的,由县级以上人民政府农业农村、林业草原主管部门责令停止生产经营,没收违法所得和种子,吊销种子生产经营许可证;违法生产经营的货值金额不足二万元的,并处二万元以上二十万元以下罚款;货值金额二万元以上的,并处货值金额十倍以上二十倍以下罚款。

因生产经营假种子犯罪被判处有期徒刑以上刑罚的,种子企业或者其他单位的法定代表人、直接负责的主管人员自刑罚执行完毕之日起五年内不得担任种子企业的法定代表人、高级管理人员。

《条例》第二十二条　农作物种子生产经营依法实行许可制度。

农作物种子生产经营许可管理按照国家有关规定执行。

种子是农业的"芯片",也是粮食安全的重要保障。生产、销售假种子的行为严重危害农业生产安全和粮食安全,侵害农民合法权益。本案中两名当事人将假种子销售给某镇56户农户栽种,受损面积为1100.68亩,造成直接经济损失42万余元,造成了极大危害。本案中,农业农村、公安、检察院、法院等部门通力协作,共同打击生产经营假种子行为,及时追究当事人刑事责任,对于维护健康的种子市场秩序、保护农民合法权益具有重要意义。

(五)未依照规定调运应施检疫的水稻种子、经营不再分装的包装水稻种子未按规定备案、销售标签内容不符合规定的水稻种子案

【基本案情】

2023年4月,某市A区农业农村局收到罗某某反映,称其于2023

年3月从外市某县某种子店购买的"早籼×××"水稻种子,在A区其承包的田块种植后全部死亡。后经立案查明,该种子店经营的该水稻种子调运至该县前未经检疫,未受生产企业书面委托代销,也未向当地农业农村主管部门备案,种子标签未标注在该省引种的备案号。案发前,种子店及时提醒罗某某补种其他品种,主动减轻违法行为危害后果;案发后,该种子店主动退回罗某某购种款664元,并积极配合调查。

【案件结果】

依据《种子法》《植物检疫条例》《植物检疫条例实施细则(农业农村部分)》等相关法律法规规章,市农业农村局对该种子店未依照规定调运应施检疫的水稻种子、经营不再分装的包装水稻种子未按规定备案、销售标签内容不符合规定的水稻种子行为,作出没收违法所得4736元、罚款5020元的行政处罚。

【案件评析】

《种子法》第四十条第二款　标签应当标注种子类别、品种名称、品种审定或者登记编号、品种适宜种植区域及季节、生产经营者及注册地、质量指标、检疫证明编号、种子生产经营许可证编号和信息代码,以及国务院农业农村、林业草原主管部门规定的其他事项。

第七十九条　违反本法第三十六条、第三十八条、第三十九条、第四十条规定,有下列行为之一的,由县级以上人民政府农业农村、林业草原主管部门责令改正,处二千元以上二万元以下罚款:

(一)销售的种子应当包装而没有包装的;

(二)销售的种子没有使用说明或者标签内容不符合规定的;

(三)涂改标签的;

(四)未按规定建立、保存种子生产经营档案的;

(五)种子生产经营者在异地设立分支机构、专门经营不再分装的包装种子或者受委托生产、代销种子,未按规定备案的。

《植物检疫条例实施细则(农业部分)》第二十五条 有下列违法行为之一,尚未构成犯罪的,由植物检疫机构处以罚款:

(一)在报检过程中故意谎报受检物品种类、品种,隐瞒受检物品数量、受检作物面积,提供虚假证明材料的;

(二)在调运过程中擅自开拆检讫的植物、植物产品,调换或者夹带其他未经检疫的植物、植物产品,或者擅自将非种用植物、植物产品作种用的;

(三)伪造、涂改、买卖、转让植物检疫单证、印章、标志、封识的;

(四)违反《植物检疫条例》第七条、第八条第一款、第十条规定之一,擅自调运植物、植物产品的;

(五)违反《植物检疫条例》第十一条规定,试验、生产、推广带有植物检疫对象的种子、苗木和其他繁殖材料,或者违反《植物检疫条例》第十三条规定,未经批准在非疫区进行检疫对象活体试验研究的;

(六)违反《植物检疫条例》第十二条第二款规定,不在指定地点种植或者不按要求隔离试种,或者隔离试种期间擅自分散种子、苗木和其他繁殖材料的;

罚款按以下标准执行:

对于非经营活动中的违法行为,处以1000元以下罚款;对于经营活动中的违法行为,有违法所得的,处以违法所得3倍以下罚款,但最高不得超过3万元;没有违法所得的,处以1万元以下罚款。

....

《条例》第二十四条 依法取得农作物种子生产经营许可证的农作物种子生产经营者委托其他单位或者个人生产、代销种子的,委托方应当按照农作物种子生产经营许可证确定的品种、生产经营范围与受委托方签订委托生产、代销书面协议。受委托方应当按照委托协议确定的品种和数量从事生产、代销活动,不得超过委托范围生产、代销。

第二十七条　销售的农作物种子应当符合国家或者行业标准,附有标签和使用说明。标签和使用说明标注的内容应当与销售的种子相符。农作物种子生产经营者对标注内容的真实性和种子质量负责。

植物检疫是农业生产安全的重要保障,依法查处植物检疫违法行为是农业农村主管部门的重要执法职责。根据国家法律法规规定,凡种子、苗木和其他繁殖材料,不论是否列入应施检疫的植物、植物产品名单和运往何地,在调运之前,都必须经过检疫。植物检疫可以有效防止对植物有危险性的病、虫、杂草等通过人为传播和蔓延,保护农业的安全生产,保护良好的生态环境。农业农村主管部门对种子开展执法检查时,既要查验种子包装标签、购销台账和种子的质量、真实性、转基因成分等,还要查验种子植物检疫证书或检疫证明编号。本案对于依法规范调运种子、做好植物检疫工作发挥了警示作用,对保障农业生产用种安全具有典型意义。因本案当事人积极配合行政机关调查,主动消除或者减轻危害后果,符合《行政处罚法》第三十二条规定应当依法从轻或者减轻行政处罚的情形,农业农村主管部门作出没收违法所得4736元、罚款5020元的行政处罚,体现了宽严相济、过罚相当的处罚原则。

二 重点知识解读

(一)制定和组织实施现代种业发展规划

《条例》第三条 省人民政府应当根据本省乡村振兴战略和现代农业发展的需要,制定现代种业发展规划并组织实施。

设区的市、县级人民政府根据实际情况,可以制定和实施本行政区域种业发展规划。

种业处于整个农业产业链的源头,是建设现代农业的标志性、先导性工程,是国家战略性、基础性的核心产业。党中央、国务院高度重视种业振兴,2021年7月9日,习近平总书记主持召开中央全面深化改革委员会第二十次会议,审议通过了《种业振兴行动方案》,强调保障种源自主可控比过去任何时候都更加紧迫,必须把种源安全提升到关系国家安全的战略高度,集中力量破难题、补短板、强优势、控风险,实现种业科技自立自强、种源自主可控。国家发展和改革委员会、农业农村部联合印发了《"十四五"现代种业提升工程建设规划》,对"十四五"期间我国种业基础设施建设布局的总体思路、框架体系、重点项目等作出了全面部署安排,并强调在"十四五"期间,要坚持统筹兼顾、合理布局,问题导向、重点突破,政府引导、多元投入,优化提升、构建体系的原则,紧紧围绕种业振兴重点任务,聚焦资源保护、育种创新、测试评价和良种繁育四大环节,布局建设一批国际一流的标志性工程。省委、省政府高度重视全省现代种业发展规划的制定,2022年1月,省发展和改革委员会、省农业农村厅印发《江西省"十四五"现代种业提升工程建设规划》,该规划涵盖农作物种质资源保护利用、农作物育种创新、农作物品种测试评价、农作物良种繁育、种业市场监管服务等五个方面。2022年3月,省委办公厅、省政府办公厅印发《江西省种业振兴行动实施方案》,明确现代种业提升工程为"赣种强芯"工程,提出以实施"赣种强芯"工程为抓手,汇聚资源破卡点、补短板、强优势、控风险,打牢种质资源基础,提升自主创新水平,做强做优做大种业企业,提高良种繁育保供能力,加强种业监管服务,推动全省现代种业高质量发展。《条例》规定,设区的市、县级人民政府,根据实际情况,可以制定和实施本行政区域种业发展规划。

(二)农作物种质资源保护与利用

《条例》第八条　农作物种质资源受法律保护,任何单位和个人不得侵占和破坏。

禁止采集或者采伐国家和本省重点保护的农作物天然种质资源。因科研等特殊情况需要采集或者采伐的,应当依法办理审批手续。

第十条　省人民政府农业农村主管部门负责组织开展农作物种质资源的普查、收集、整理、鉴定、登记、保存、交流和利用等工作,定期公布本省可供利用的农作物种质资源名录。

设区的市、县级人民政府农业农村主管部门应当加强地方特色农作物种质资源的保护。

第十一条　省人民政府农业农村主管部门应当建立农作物种质资源库,并根据需要建立农作物种质资源保护区或者保护地,确定农作物种质资源保护单位,设立保护标志。重点保护下列农作物种质资源:

(一)国家和本省重点保护的农作物天然种质资源;

(二)珍稀、濒危和本省特有的农作物种质资源;

(三)具有特色优势或者特殊价值的农作物种质资源;

（四）其他依法需要重点保护的农作物种质资源。

任何单位和个人不得破坏或者擅自移动保护标志；未经原设立部门同意，不得占用农作物种质资源库、种质资源保护区或者保护地。

第十三条 省人民政府农业农村主管部门建立的农作物种质资源库、种质资源保护区或者保护地的种质资源属公共资源，依法开放利用。

鼓励和支持科研机构、高等学校、农作物种子企业对收集保护的农作物种质资源开展种质创新、新品种选育、特色农作物种质资源提纯复壮和产业化开发等方面的研究和利用工作。

鼓励农作物种子企业利用地方农作物种质资源发展特色种业，推动资源优势转化为产业优势。

农作物种质资源是指选育农作物新品种的基础材料，包括农作物的栽培种、野生种和濒危稀有种的繁殖材料，以及利用上述繁殖材料人工创造的各种遗传材料。农业种质资源是大自然赋予人类最宝贵的财富，是保障国家粮食安全与重要农产品供给的战略性资源，是农业科技原始创新与现代种业发展的物质基础。《国务院办公厅关于加强农业种质资源保护与利用的意见》明确要开展农业种质资源全面普查、系统调查与抢救性收集，实现应保尽保；开展种质资源表型与基因型精准鉴定评价，强化育种创新基础；推进种质资源开发利用，提升种业竞争力。

江西农作物种质资源丰富，有世界上分布最北的东乡野生稻，在第三次全国农作物种质资源普查与收集行动中征集收集资源共 4896 份，发掘了九山生姜、井冈山秤砣脚板薯、山背糯稻、麻壳糯、粟米、红肉柚等 33 份优异种质资源。在农作物种质资源保护体系建设方面，初步形成了"两库八圃"的农作物种质资源保护格局。2022 年 1 月建成、7 月投入使用的江西省农作物种质资源库，库容量达 30 万份，目前已入库75种作物,种质资源数量30100份,种子储藏寿命为30—50年,可满足今后50年全省农作物种质安全保存、鉴定评价、优异基因挖掘和新品种培育等重大需求。

江西省坚持保护优先、高效利用、政府主导、多元参与的原则,出台了《江西省人民政府办公厅关于加强农业种质资源保护与利用的实施意见》,创新体制机制,强化责任落实、科技支撑和法治保障,构建多层次收集保护、多元化开发利用和多渠道政策支持的新格局,为建设现代种业强省、保障国家粮食安全奠定了坚实基础。

(三)主要农作物品种审定制度

《条例》第十六条　主要农作物品种在推广前应当通过国家级或者省级审定。

省人民政府农业农村主管部门设立农作物品种审定委员会,负责主要农作物品种的省级审定工作。具体审定办法按照国家和省有关规定执行。

申请审定的主要农作物品种应当符合特异性、一致性、稳定性要求,命名规范。通过省级审定的主要农作物品种,经省人民政府农业农村主管部门公告,由省农作物品种审定委员会颁发审定证书。

第十七条　在本省审定通过的主要农作物品种有下列情形之一的,经省农作物品种审定委员会审核确认后撤销审定,由省人民政府农业农村主管部门发布公告:

(一)在使用过程中出现不可克服严重缺陷的;

(二)种性严重退化的;

(三)失去生产利用价值的;

(四)未按照要求提供品种标准样品或者标准样品不真实的;

(五)以贿赂、欺骗、伪造试验数据等不正当方式通过审定的;

（六）其他依法不宜推广、种植的情形。

公告撤销审定的品种,自撤销审定公告发布之日起停止推广、销售;省农作物品种审定委员会认为有必要的,可以决定自撤销审定公告发布之日起停止生产、广告,自撤销审定公告发布一个生产周期后停止推广、销售。

品种审定是指品种审定委员会对新育成或新引进申请审定的品种,根据审定标准和规定程序,对该品种的品种试验结果进行审核鉴定,决定该品种能否推广,以及确定其适宜种植区域范围,并由国家机关予以公告的行为。国家对主要农作物实行品种审定制度,主要农作物品种在推广前应当通过国家级或者省级审定。《主要农作物品种审定办法》规定,主要农作物是指稻、小麦、玉米、棉花、大豆。农业农村部设立国家农作物品种审定委员会,负责国家级农作物品种审定工作;省级人民政府农业农村主管部门设立省级农作物品种审定委员会,负责省级农作物品种审定工作。申请审定的品种应当符合特异性、一致性、稳定性要求(特异性是指一个植物品种有一个以上性状明显区别于已知品种;一致性是指一个植物品种的特性除可预期的自然变异外,群体内个体间相关的特征或者特性表现一致;稳定性是指一个植物品种经过反复繁殖后或者在特定繁殖周期结束时,其主要性状保持不变)。审定通过的品种,在使用过程中出现不可克服严重缺陷,种性严重退化或失去生产利用价值,未按要求提供品种标准样品或者标准样品不真实,以欺骗、伪造试验数据等不正当方式通过审定,农业转基因生物安全证书已过期等情形的,应当依法撤销审定。

（四）加强主要农作物品种引种备案管理

《条例》第十八条　属于同一适宜生态区的其他省、自治区、直辖市审定的主要农作物品种,引种到本省的,引种者应当将引种的品种和区域报省人民政府农业农村主管部门备案。

备案前,引种者应当在拟引种区域开展不少于一年的适应性、抗病性试验,引种品种应当达到本省品种审定标准。

引种者对引种品种的真实性、安全性和适应性负责。

引种具有植物新品种权的品种,应当经过品种权人书面同意。

第十九条　在本省引种备案的主要农作物品种有下列情形之一,经省农作物品种审定委员会审核确认不宜推广、种植的,由省人民政府农业农村主管部门发布公告予以提示：

(一)在使用过程中出现不可克服严重缺陷的;

(二)种性严重退化的;

(三)失去生产利用价值的;

(四)标准样品不真实的;

(五)以贿赂、欺骗、伪造试验数据等不正当方式备案的;

(六)被原审定单位撤销审定的;

(七)其他依法不宜推广、种植的情形。

依据《种子法》第十九条规定,通过国家级审定的农作物品种由国务院农业农村主管部门公告,可以在全国适宜的生态区域推广。通过省级审定的农作物品种由省、自治区、直辖市人民政府农业农村主管部门公告,可以在本行政区域内适宜的生态区域推广;其他省、自治区、直辖市属于同一适宜生态区的地域引种农作物品种的,引种者应当将引种的品种和区域报所在省、自治区、直辖市人民政府农业农村主管部门备案。

为防止农作物品种的同质化,规避引种风险和加强引种备案品种监管,备案前,引种者应当在拟引种区域开展不少于一年的适应性、抗病性试验,引种品种抗病性指标应当达到江西省同类型作物品种的审定标准。引种者应当对品种的真实性、安全性和适应性负责。引种具有植物新品种权的品种,还应当经过品种权人的书面同意。

(五) 非主要农作物品种认定制度

《条例》第二十一条 未列入国家非主要农作物登记目录的品种,遵循自愿原则,品种选育者可以向省人民政府农业农村主管部门申请品种认定。认定办法由省人民政府农业农村主管部门制定。

国家对部分非主要农作物实行品种登记制度。目前列入国家非主要农作物登记目录的仅涉及29种农作物品种,包括:7种粮食作物,即马铃薯、甘薯、谷子、高粱、大麦(青稞)、蚕豆、豌豆;4种油料作物,即油菜、花生、亚麻(胡麻)、向日葵;2种糖料:甘蔗、甜菜;8种蔬菜,即大白菜、结球甘蓝、黄瓜、番茄、辣椒、茎瘤芥、西瓜、甜瓜;6种果树,即苹果、柑橘、香蕉、梨、葡萄、桃;1种茶树,即茶树;1种热带作物,即橡胶树。江西省很多特色农作物(如豇豆、食用菌等)品种创新能力强且成果丰硕,但未列入国家非主要农作物品种登记目录。为了满足全省农业科研单位、种业企业的成果转化及推广需求,遵循自愿原则,在《条例》中明确了非主要农作物品种认定制度。

(六) 依法规范种子生产基地,提升种子质量

《条例》第二十五条 鼓励和支持从事选育生产相结合的农作物种子生产经营者建立稳定的农作物种子生产基地。

农作物种子生产基地应当具备与种子生产相适应的生产条件和符合技术规范要求的隔离条件,具有相应的配套设施以及技术人员,严格执行农作物种子生产技术规程和检验、检疫规程。

果树种苗生产基地应当繁育无病毒苗木,不得运输、邮寄、销售未经检疫或者检疫不合格的果树苗木;发现染疫种苗的,应当依法科学处置。

种子质量关乎种业振兴。要生产出高质量的种子,必须有稳定的种子生产基地,具备与种子生产相适应的生产条件,并实行种子生产全过程的质量管理,将各项质量控制措施贯穿于种子生产的各个技术与管理环节。江西是全国13个粮食主产省之一,在水稻种业及辣椒、豇豆等蔬菜种业方面具有自己的特色和优势。江西年生产杂交水稻种子5000万公斤以上,约占全国总产量的20%,其中约40%供给外省企业。辣椒年制种量约4万公斤,产值1.2亿元以上,约占全国销售份额的12%;豇豆种子年销售量250万公斤以上,产值约1.5亿元,约占全国销售份额的65%。严格种子生产条件和技术规程,提升种子质量,是实现江西省种业振兴的重要保证。

果树产业是江西省农业重要支柱产业之一,以柑橘产业为主,具地方特色的柑橘良种有赣南脐橙、南丰蜜橘、广丰马家柚、井冈蜜柚、新余蜜橘、三湖红橘、龙回早熟柚、斋婆柚、兴国甜橙、遂川金橘等,对农民增收、农村社会稳定起到了积极作用。许多果树包括柑橘类主要依靠无性繁殖生产种苗,但是无性繁殖种源容易带有病毒。因此,《条例》规定,果树种苗生产基地应当繁育无病毒苗木,不得运输、邮寄、销售未经检疫或者检疫不合格的果树苗木;发现染疫种苗的,应当依法科学处置。

(七)加强良种繁育基地建设和管理

《条例》第三十八条第二款　鼓励和支持有条件的设区的市、县(市、区)创建以种业为主导产业的国家和省级现代农业产业园。

第四十二条 县级以上人民政府应当根据实际情况制定良种繁育基地发展规划,优化良种繁育体系布局,分区域、分农作物建立优势、特色农作物种子科研和生产基地。

良种繁育基地所在地的县级以上人民政府应当加强国家级、省级良种繁育基地的建设和管理,保障用地需求,通过良种生产补贴、高标准农田建设、基地设施建设补助、完善专业服务等措施,促进生产要素向国家级、省级良种繁育基地聚集。

《农业农村部办公厅关于加快推进种业基地现代化建设的指导意见》要求深入实施种业基地提升行动,完善农作物种业基地布局,建设现代化农作物制种基地和现代种业产业园,并加强基地监管。要强化基地属地责任,发挥企业主体作用,推动有效市场和有为政府更好结合,加快建设现代化种业基地,健全良种繁育和应急保障体系,实现重要农产品种源自主可控,确保农业生产用种安全。《江西省农业农村厅办公室关于加快推进种业基地现代化建设的实施意见》明确,支持宜黄县、南城县、湘东区国家级水稻制种大县以及横峰县国家级油菜制种大县、赣州市国家级区域性柑橘良种繁育基地、铅山县国家级区域性蔬菜(红芽芋)良种繁育基地建设。按照"农田设施标准化、制种全程机械化、种子加工自动化、流程控制信息化、生产服务社会化"要求,加快建设现代化的农作物种业基地。鼓励国家制种大县、种业基地县创新用地保障、金融支持、招商引资、营商环境等政策,吸引省内外种业企业、科研单位入驻,建设具有开展育种攻关、品种试验示范、繁育推广、公共仓储、安全检测、大数据分析、种子种苗会展交易及融资等全方位业务的种业产业园。目前,全省形成了以4个国家级制种大县、2个国家级区域性良种繁育基地和20个省级区域性良种繁育基地为核心的农作物良种生产基地群,其中杂交水稻2023年制种面积46.5万亩,居全国前三。

（八）加强对互联网等信息网络经营农作物种子的监管

《条例》第三十条 利用互联网等信息网络经营农作物种子的，应当在其首页显著位置持续公示农作物种子生产经营许可证或者备案信息。

电子商务平台经营者应当对平台内农作物种子经营者的身份、联系方式、农作物种子生产经营许可证或者备案信息等进行核验、登记，建立经营者档案，并定期核验更新。

近年来，互联网平台成为种子销售的新兴渠道，但网络并非法外之地。2022年，针对近年来利用电商网络平台销售假冒伪劣种子的违法行为，农业农村部、最高人民法院、最高人民检察院、工业和信息化部、公安部、市场监管总局和国家知识产权局七部门联合印发《关于保护种业知识产权打击假冒伪劣套牌侵权营造种业振兴良好环境的指导意见》，明确要求创新监管方式，加快建立分工明确、处置及时、协同联动的工作机制，加强种业销售新模式新业态监管，狠抓种子电商网络销售监管。依据《中华人民共和国电子商务法》的规定，电子商务平台经营者对平台内经营者侵害消费者合法权益行为未采取必要措施，或者对平台内经营者未尽到资质资格审核义务，或者对消费者未尽到安全保障义务的，由市场监督管理部门责令限期改正，可以处五万元以上五十万元以下的罚款；情节严重的，责令停业整顿，并处五十万元以上二百万元以下的罚款。

因此，《条例》明确对利用互联网等信息网络经营农作物种子等新业态的监管，强调电子商务平台经营者的责任。

（九）加大对农作物种子企业的扶持

《条例》第三十八条第一款　鼓励和支持优势农作物种子企业整合育种力量和资源，促进技术、人才、资源等要素向企业集聚，在规划选址、用地保障等方面给予政策支持；对承接制种大县、区域性良种繁育基地的企业，在农作物种子收储、加工技术改造等方面给予项目和金融支持。

根据《种业振兴行动方案》，《江西省种业振兴行动实施方案》把"扶持优势种业企业发展"列为五大行动方案之一。截至目前，江西省现有农作物种子企业165家，其中国家"育繁推一体化"农作物种子企业8家、全国农作物60强种业信用骨干企业3家、省级农作物种业骨干企业16家、全国杂交水稻商品种子销售总额前十强企业2家、具有进出口资质水稻种子企业4家，新三板挂牌农作物种业企业1家。2023年3—6月，江西省农业农村厅开展了农作物种业骨干企业遴选认定，根据企业创新能力、资产实力、市场规模等情况，认定江西兴安种业有限公司等5家企业为粮油作物类"优势型"种业企业，江西天稻粮安种业有限公司等6家企业为粮油作物类"成长型"种业企业，江西大家族种业有限公司等5家企业为经济作物类"成长型"种业企业。《条例》结合江西种业发展实际，明确了省、市、县各级政府及有关部门开展种业扶持、行业保障上的工作要求，把扶优企业作为打好种业翻身仗的关键，摆在种业振兴行动的突出位置，强化企业创新主体地位，引导资源、技术、人才、资本等要素向骨干企业聚集，建立与骨干企业对接联系机制，努力打造一批具有核心研发能力、产业带动能力、市场竞争能力的国家种业阵型企业，加快形成优势种业企业集群。

（十）加强南繁建设和管理

《条例》第四十四条 省人民政府应当制定本省南繁发展规划，明确相应的南繁管理机构，加强南繁建设和管理。

省人民政府农业农村主管部门负责实施本省南繁发展规划，开展南繁育种技术培训、种质资源交流、新品种展示、科研成果转化、应急制种服务等活动。省人民政府发展改革、科技、财政等部门应当共同促进南繁可持续发展。

鼓励设区的市人民政府建设南繁基地，明确相应的南繁管理机构。

江西省自20世纪70年代初开展南繁工作，50多年来，南繁科研生产为全省乃至全国粮食生产作出了巨大的贡献，培育了一批如杂交水稻不育系"珍汕97A"等处于全国领先地位的优良品种；萍乡南繁制种规模不断壮大，占全国南繁制种面积的85%以上，为国家粮食生产安全构建了一条保障种子供应、救灾备荒、稳定市场的重要渠道。2018年，江西省人民政府办公厅出台了《关于加快推进现代种业发展的实施意见》，提出加快建设种业强省，打造高标准省级南繁科研育种中心，实现江西南繁工作在全国进位靠前。《条例》规定，省人民政府农业农村主管部门负责实施本省南繁发展规划，开展南繁育种技术培训、种质资源交流、新品种展示、科研成果转化、应急制种服务等活动。省人民政府发展改革、科技、财政等部门应当共同促进南繁可持续发展。

目前，江西省共有南繁单位40个，其中科研院所15个、种子管理部门5个、种子企业20个；南繁制种面积21.8万亩，居全国首位，被誉为"全国杂交水稻制种的一面旗帜"。

三 热点问题聚焦

(一)《条例》的立法背景

1. 国家对种业发展工作高度重视

党中央、国务院高度重视种业发展,将种业定位于国家战略性、基础性核心产业,作为促进农业长期稳定发展、保障粮食安全的根本。党的十八大以来,习近平总书记十分重视粮食安全和种业振兴,亲自为种业振兴把脉定向、指路引航,多次强调:"下决心把民族种业搞上去""用中国种子保障中国粮食安全""把当家品种牢牢攥在自己手里""种子是我国粮食安全的关键。只有用自己的手攥紧中国种子,才能端稳中国饭碗,才能实现粮食安全""解决吃饭问题,根本出路在科技。种源安全关系到国家安全,必须下决心把我国种业搞上去,实现种业科技自立自强、种源自主可控"。2021年7月,中央全面深化改革委员会审议通过《种业振兴行动方案》,对保障粮食安全和种业发展作出了全面部署,明确把种源安全提升到关系国家安全的战略高度。2022年10月,"深入实施种业振兴行动"历史性载入党的二十大重大决策部署。2022年3月,省委办公厅、省政府办公厅印发了《江西省种业振兴行动实施方案》,为推动全省种业振兴提供了路线图、任务书。

2. 贯彻落实《种子法》的必然要求

2004年以来,全国人大常委会先后对《种子法》进行了三次修正、一次修订,对种子生产经营许可、品种管理、植物新品种保护等制度进行了完善,进一步加大了对侵权和生产经营假劣种子违法行为的处罚、赔偿力度。2005年,江西省颁布《江西省农作物种子管理条例》,由于施行时间较长,其大部分条款内容与《种子法》不衔接、不一致,难以适应种业发展的新形势、新需求,要求重新制定,进一步贯彻落实上位法要求。《条例》的制定对维护国家法治统一具有重要意义。

3. 推进依法治种、依法兴种的迫切需要

经过20多年的发展,江西现代种业已进入了新阶段,全省在种质资源保护利用、种业骨干企业扶优、种业自主创新攻关、良种繁育基地提质和种业市场监管净化等工作中,积累了一些行之有效的经验做法,迫切需要立足省情、因地制宜,将全省种业振兴行动方案、政策举措和实践中行之有效的好经验好做法上升为法规制度,助力打好种业翻身仗,促进江西省种业高质量发展。

(二)《条例》制定的总体思路及重大意义

1. 总体思路

一是坚持对标对表。将党中央、国务院和省委、省政府对种质资源保护、种业科技创新、种源安全等方面的硬性要求,转化为制度举措,提出要强化种业工作力量保障,加强种质资源保护,提高育种科研创新能力,扶持种业企业发展。

二是坚持立足实际。立足江西省种业发展特点和实际,重视种质资源保护,将"种质资源保护与利用"单列为一章,更加注重加强国家级、省级良种繁育基地的建设和管理,依法保障种源安全,开展制度创新,着力提升种业自主创新能力和市场竞争能力。

三是坚持问题导向。针对江西省种业发展中存在的种质资源保护、挖掘和利用力度不够,种子企业发展的支撑保障体系不健全,种业市场监管不够到位等症结难点,精准施策,切实解决具体问题。

2.重大意义

种业是国家战略性、基础性的核心产业,是促进农业长期稳定发展、保障国家粮食安全的根本,国家明确将种业振兴行动纳入粮食安全责任制范围,全面落实党政同责要求。制定《江西省农作物种子条例》,是深入贯彻党中央、国务院和省委、省政府关于种业振兴工作决策部署的重要举措,将种业振兴的具体措施和扶持政策上升为法律制度,以法治方式规范、促进江西省种业振兴各项任务落实落地,使其进一步系统化、规范化,增强权威性、引领性和法律约束力,为种业振兴提供了坚实的制度保障,对夯实农业强省建设根基具有重要意义。

(三)《条例》的内涵及亮点

1.强化种质资源的保护和利用

农业种质资源是保障国家粮食和重要农产品稳定安全供给的战略性资源,是农业科技原始创新与现代种业发展的物质基础。农业种质资源保护和利用是江西省农业发展的关键性问题。《条例》明确要建立和完善农作物种质资源保护、鉴定评价和共享利用体系,加强农作物种质资源的普查收集、保护监测、鉴定评价和创制应用工作。鼓励农作物种子企业利用地方农作物种质资源发展特色种业,推动资源优势转化为产业优势,推动农业强省和生态文明建设。

2.大力支持育种创新

党的十八大以来,江西省种业发展迈出了坚实步伐,育种能力不断增强,但从提升自主创新能力、推进种业高质量发展的要求上来看,原始创新能力较弱,高水平的创新平台建设不足,资源共享机制不健全,品种选育同质化、低水平重复等问题依然存在。为了激励原始育种创新,推动品种向"精专优"转变,《条例》明确支持开展育种的基础性、前沿性和应用技术研究以及生物育种技术研究;鼓励培育具有自主知识产权的农作物优良品种;鼓励构建育种技术研发平台;支持建设南繁科研育种基地。

3. 积极创新品种管理

为了防止农作物品种的同质化,规避引种风险和加强引种备案品种监管,《条例》明确了引种品种标准,规定了引种备案品种不宜推广、种植情形之下予以公告提示的条款。新增非主要农作物的品种认定制度。

4. 明确措施保障良种供应安全

为了做优做强良种繁育基地,保障国家种源供应安全,《条例》要求良种繁育基地所在地的县级以上人民政府应当将项目、用地、政策等要素向良种繁育基地聚集,严格规范了严重制约基地可持续发展的行为和果树苗木种子的繁育与销售行为,明确了单位和个人进入农作物种子生产基地禁止性行为,对破坏种子生产基地等有害活动追究法律责任。

5. 大力扶持优势种业企业发展

种子企业承担着种子研发、繁育、推广等重要职责,是种业振兴行动中最重要的环节。《条例》明确支持科研单位与优势企业对接,鼓励农作物种子企业与科研机构、高等学校共同构建技术研发平台,开展主要粮食作物、重要经济作物、特色农作物育种攻关,建立以市场为导向、利益共享、风险共担的产学研用相结合的农作物种业技术创新体系;鼓励金融机构与优势企业对接,县级以上人民政府应当鼓励和引导金融机构为农作物种子生产经营和收储提供信贷支持,引导社会资金投资种业;推动种业基地与优势企业对接,鼓励和支持优势农作物种子企业整合育种力量和资源,促进技术、人才、资源等要素向企业集聚,在规划选址、用地保障等方面给予政策支持,对承接制种大县、区域性良种繁育基地的企业,在农作物种子收储、加工技术改造等方面给予项目和金融支持。

(四)《条例》对促进江西省种业发展的保障措施

1. 强化组织保障

《条例》为加强种业工作的组织保障,规定省级人民政府应当根据乡村振兴战略和现代农业发展的需要,制定现代种业发展规划并组织实施,支持科研机构、高等学校开展育种的基础性、前沿性和应用技术研究以及生物育种技术研究等。县级以上人民政府应当加强农作物种子工作的组织领导,强化种业工作力量保障。

2. 强化政策保障

《条例》规定县级以上人民政府应当制定完善扶持现代种业发展的相关政策,优化资金支出结构,支持农作物种质资源保护与利用、育种创新、种业科技成果转化、种子企业发展、种子生产基地提升、种业市场监管等,增强农作物种业核心竞争力和综合生产能力。鼓励和支持优势农作物种子企业整合育种力量和资源,促进技术、人才、资源等要素向企业集聚,在规划选址、用地保障等方面给予政策支持。

3. 强化金融保障

《条例》规定县级以上人民政府应当鼓励和引导金融机构为农作物种子生产经营和收储提供信贷支持,引导社会资金投资种业;支持符合条件的农作物种子企业在多层次资本市场挂牌上市;采取保险费补贴等措施支持发展农作物种子生产保险,保障农作物种子生产者的利益;对承接制种大县、区域性良种繁育基地的企业,在农作物种子收储、加工技术改造等方面给予项目和金融支持。

4. 强化人才保障

《条例》规定,县级以上人民政府加强种业人才队伍建设,强化种业人才培养和引进;鼓励科研机构、高等学校和种子企业引进国内外种业高层次人才,对符合本省有关规定的种业高层次人才给予相应政策支持。完善种业专业技术人才评价机制,对从事农作物种质资源保护、鉴定评价、育种辅助、检验测试等基础性工作人员在职称评定方面给予支持。

(五)《条例》鼓励育种创新的规定

1. 推动构建商业化育种创新机制

《条例》规定县级以上人民政府及其有关部门支持科研机构、高等学校开展育种的基础性、前沿性、应用技术研究以及生物育种技术研究,支持常规作物和无性繁殖材料选育等公益性研究,提高育种科研创新能力;鼓励农作物种子企业充分利用公益性研究成果,培育具有自主知识产权的农作物优良品种;鼓励农作物种子企业与科研机构及高等学校共同构建技术研发平台,开展主要粮油作物、重要经济作物、特色农作物育种攻关,建立以市场为导向、利益共享、风险共担的产学研相结合的农作物种业技术创新体系。

2. 强化科技创新政策扶持

《条例》规定县级以上人民政府制定并完善扶持现代种业发展的相关政策,优化资金支出结构,支持育种创新攻关、种业科技成果转化等,增强种业核心竞争力和综合生产能力;鼓励和支持有条件的设区的市、县(市、区)创建以种业为主导产业的国家和省级现代农业产业园。

3. 支持种业科研人才培养与引进

《条例》鼓励科研机构、高等学校和种子企业引进国内外种业高层次人才,对符合本省有关规定的种业高层次人才给予相应政策支持;省人力资源和社会保障部门应当会同有关部门完善种业专业技术人才评价机制,对从事农作物种质资源保护、鉴定评价、育种辅助、检验测试等基础性工作人员在职称评定方面给予支持。对在农作物种质资源保护和良种选育、推广等工作中成绩显著的单位和个人,按照国家和省有关规定给予表彰、奖励。

4.支持南繁科研育种基地建设

从国家战略角度出发,把支持南繁科研育种基地建设写入了《条例》,规定省人民政府制定本省南繁发展规划,明确相应的南繁管理机构,加强南繁建设和管理;开展南繁育种技术培训、种质资源交流、新品种展示、科研成果转化、应急制种服务等活动;鼓励设区的市人民政府建设南繁基地,明确相应的南繁管理机构。

(六)《条例》为江西省种业发展提供的法治保障

种子是农业科技进步的基础和重要载体,种业是提升农业竞争力的关键。《条例》贯彻落实国家种业振兴战略,细化和落实上位法规定,坚持以法治方式引领、促进和规范江西省种业高质量发展。

1.健全扶持政策

为了促进江西省种业发展,《条例》设置专章规定种业发展的扶持措施。明确县级以上人民政府应当制定并完善现代种业发展的相关扶持政策,在金融、保险费补贴、人才培养和引进等方面给予支持;加大对优势农作物种子企业和承接制种大县、区域性良种繁育基地的企业的扶持;加强国家级、省级良种繁育基地现代化建设以及南繁基地的管理等。以立法的形式对实践中行之有效的扶持举措予以固化。

2.完善制度机制

遵循《种子法》等法律法规的主要精神,《条例》在结构、内容上紧密衔接,完善了种子生产经营许可、品种管理、引种备案、种源保护等制度。同时,结合省情,作出一些创新性规定。比如:为了满足本省农业科研单位、种业企业的成果转化及推广需求,遵循自愿原则,新增非主要农作物的品种认定制度。

3.强化市场监管

近年来,各地不断加强种子市场监管,严厉打击种子违法行为,持续净化种业市场秩序,为提高江西省粮食单产水平、夯实粮食安全种业根基发挥了重要作用。《条例》着眼长远、聚焦问题,强化了县级以上人民政府农业农村主管部门主体责任,健全举报和投诉制度;强调了县级以上人民政府农业农村主管部门及其工作人员不得从事和参与农作物种子生产经营活动;明确对通过审定但不在适宜种植区域内的主要农作物品种进行推广、销售的违法行为,追究法律责任;新增了对利用互联网等信息网络经营农作物种子等新业态的监管,明确电子商务平台经营者的责任;规定农作物种子广告的内容应当符合有关法律、法规的规定,主要性状描述应当与审定、引种备案、登记、认定公告的信息一致,不得作虚假或者引人误解的宣传,防止假劣种子进入流通市场。《条例》还规定了引种品种标准,明确引种备案品种存在不宜推广、种植情形的予以公告提示,以规避引种风险,防止农作物品种的同质化,并对保障种子使用者的合法权益作出保护性规定。《条例》为促进现代种业发展,加大种子市场监管力度等提供了强有力的法治保障。

(七)江西省种业振兴工作成效

近年来,全省深入贯彻落实习近平总书记考察江西重要讲话精神和关于种业发展的重要指示精神,紧紧围绕省委办公厅、省政府办公厅印发的《江西省种业振兴行动实施方案》要求,积极实施种质资源保护利用、创新攻关、企业扶优、基地提升和市场净化五大行动,全省种业发展取得了阶段性成效,呈现江西种业好"丰"景。

1.种质资源保护取得新进展

江西省开展第三次全国农业种质资源普查工作成果已通过国家

验收,普查挖掘的兴国九山生姜、井冈山秤砣脚板薯入选全国农作物优异种质资源;建成了国内首个自动化存取的省级农作物种质资源库,已保存种质资源2万余份,拥有农作物种质资源保护单位10个、水产种质资源保护区29个、地方畜禽品种保种场24个,种质资源保护体系进一步健全。

2. 种业科技创新实现新突破

江西省农业科学院利用东乡野生稻资源培育的"赣菌稻1号",为国内首个审定携带有丛枝菌根高效共生基因的水稻新品种,在减少用肥25%的条件下实现增产8%;2023年晚稻品种审定优质率达到94%,居全国前列。与中国水稻研究所合作建立江西早稻研究中心,打造了乐东和崖州、省农业科学院、江西农业大学等3个南繁科研育种基地,促进江西省种业创新平台进一步夯实。

3. 供种保障能力达到新水平

江西省形成了以4个国家级制种大县、2个国家级区域性良种繁育基地和20个省级区域性良种繁育基地为核心的农作物良种生产基地群,其中杂交水稻2023年制种面积46.5万亩,居全国前三;南繁制种面积21.8万亩,居全国首位,被誉为"全国杂交水稻制种的一面旗帜"。

4. 种业企业培育迈上新台阶

全省拥有178家农作物种子企业、285家种畜禽企业,培育了国家育繁推一体化农作物种子企业8家、国家种业阵型企业3家、全国农作物60强种业信用骨干企业3家、省级农作物种业骨干企业16家和省级畜禽核心场18家。江西天涯种业公司、江西兴安种业公司分别以第4名、第5名进入了全国杂交水稻商品种子销售总额前十强。

5. 种业市场净化展现新面貌

江西省构建了属地管理、分级负责,部门协同、上下联动的种业监管执法机制,完善了生产经营行政许可、行政检查"双随机、一公开"等制度,出台了《关于加强全省种子市场监管工作的意见》,持续开展种业监管执法年活动,严厉打击种业假冒伪劣、套牌侵权违法犯罪行为,全面净化种业市场环境。2023年,全省各级农业农村部门共办理种子违法案件163件,对制假售假、套牌侵权、无证生产经营等行为保持高压查处态势,3名涉案人员被判处有期徒刑,种业市场秩序得到有效规范。